Back-Minis
süß & pikant

50 Rezepte, die glücklich machen

ROSE MARIE
DONHAUSER

Inhalt

Fruchtig & frisch

Quer durch den Obstgarten schlendern und je nach Saison bunte Früchtchen »einbacken«. Oder exotisch mit Mango & Co genießen.

Nussig & schokoladig

»9 von 10 Personen lieben Schokolade. Der 10. schwindelt«, oder mag vielleicht lieber Nüssevielfalt. Für die süße Versuchung gibt es viele Rezepte und Variationen.

Herzhaft & würzig

Klein, handlich und fein im Aussehen, pikant gewürzt und mit Gemüse, Fleisch und Fisch knusprig gebacken. Die große Auswahl bietet für jeden Geschmack etwas.

Vorwort

Törtchen und Schnittchen sind trendy

Ich weiß nicht mehr genau, wann es angefangen hat. Wahrscheinlich mit den kunstvoll belegten Bagels. Dann folgten Muffins, Cupcakes, vielfältige Cookies, Mini-Gugelhupfs, Macarons, Mini-Törtchen und -kuchen, zuletzt folgten die Cronuts – und plötzlich war alles im Miniformat.

Einfach köstlich, denn jedes dieser kleinen Backkunstwerke ist einzigartig. Hübsch als Single-Portion zu präsentieren, denn sie sehen perfekt aus. Bei großen Kuchen oder Torten hingegen – geht der Glanz bei jedem abgeschnittenem Stück weg. Genauso verhält es sich in der pikanten Abteilung, je kleiner die Tartes und Törtchen sind, desto mehr besticht die Optik. Und mit dem Geschmack sowie der Handlichkeit sind die leckeren Kleinen schnell aufgegessen.

Das Herstellen von kleinem Backwerk kann zur Leidenschaft werden. Neues ausprobieren, kreativ dekorieren und den Beifall für das prachtvolle Ergebnis bekommen. Ich bin in der Küche anzutreffen und wünsche viel Spaß beim Auswählen der Rezepte, Backen, Verzieren … und Genießen.

Rose Marie Donhauser

»Minis« süß und pikant – klein und ganz groß

Was gibt es Schöneres? Das pure Glück in Form von Selbstgebackenem an Familie oder Freunde zu verschenken oder aber sich einfach mal selbst eine Freude zu machen? Mit diesem Buch ist das ganz leicht: Hier versammeln sich 50 Backideen aus der ganzen Welt, alle in kleinen Portionsgrößen ganz einfach aus der Hand zu essen. Jedes Rezept liefert bereits die Idee für die Präsentation, zum Beispiel als kulinarischer Hingucker, drapiert auf einer Etagere für den Kaffeebesuch, leicht zu transportieren in Papiermanschetten oder luftdicht verpackt in Einweckgläsern.

Die zahlreichen Variationsmöglichkeiten – ob süß oder pikant – bieten einem jeden Leckermaul eine köstliche Auswahl, bei der jeder seinen persönlichen Favoriten finden wird. Versprochen!

Die Vielfalt der Formen

Kunterbunt, in beliebigen Formen und aus den verschiedensten Materialien wie Silikon, Glas, Keramik, Metall oder Papier – es gibt sie in unzähligen Variationen. Dabei gilt: Silikonförmchen sind sehr empfehlenswert, da man das Backgut durch ihre flexible Beschaffenheit besonders einfach herauslösen kann. Aber auch Bleche mit Vertiefungen wie spezielle Muffin- oder Gugelhupfbleche, meist mit einer Antihaftbeschichtung, sind eine gute Empfehlung. Im Grunde genommen sind der Fantasie bei der Auswahl der Backbehältnisse keine Grenzen gesetzt. Ob in Blumentöpfchen oder Einweckgläsern, Tässchen oder was immer Sie mögen, die einzige Voraussetzung ist, sie müssen stabil und ofenfest bzw. hitzebeständig sein. Da die Angabe von Durchmessern dieser Formenvielfalt nicht gerecht wird, ist in diesem Buch die Größe der Formen in Millilitern angegeben. Sollten Unsicherheiten bestehen, die Förmchen einfach mithilfe eines Messbechers mit Wasser befüllen und prüfen, ob die Anzahl der Milliliter stimmt.

Die verschiedensten Teigmöglichkeiten

Bei den über 50 Rezepten in diesem Buch kommen die unterschiedlichsten Teige zum Einsatz. Am einfachsten lassen sich mit Rührteig köstliche Kreationen zaubern, denn in dem schnell gerührten und cremigen Teig haben noch viele Aromate in Form von Gewürzen, Kräutern, Nüssen und Früchten Platz.

Mürbeteig ist etwas anspruchsvoller, denn hier ist es wichtig, die Zutaten rasch miteinander zu verkneten, vor dem Backen noch zu kühlen und ihn, damit er seinem Namen auch gerecht wird, als Erstes »blind« zu backen (s. S. 10). Der Mürbeteig lässt sich durch die Zugabe von Käse, Gewürzen oder Kräutern aufpeppen.

Oben Nussecken – das Rezept aus Omas Backstube – sind immer modern.

Auch der **Hefeteig** benötigt Ruhezeiten, allerdings nicht gekühlt, sondern an einem warmen Ort, damit sich die Hefe ausdehnen kann. Einige Rezepte in den Kapiteln süß und pikant sind wiederum Abwandlungen des Hefeteigs, je nachdem, ob der Teig nun etwas flüssiger, fester oder mittelfest sein soll. Dies richtet sich nach der Backabsicht oder aber danach, ob mit oder ohne Form gebacken werden soll.

Der **Biskuitteig** braucht eine gewisse Lockerheit, die durch das Unterziehen von steif geschlagenem Eiweiß

Oben Alles schön bunt – die Auswahl an Papier-manschetten ist riesig.

erzielt wird. Das Wichtigste bei dieser Teigzubereitung ist das gründliche Schlagen und das Schaumigrühren. Dieser Teig benötigt keine Ruhezeiten und muss nach der Fertigstellung zügig zum Backen in den Ofen, damit er nicht an Fülle verliert.

Für einen **Brandteig** wird der Teig im Kochtopf sprich-wörtlich »abgebrannt«: Dazu siebt man das Mehl in kochendes Wasser und Fett und bearbeitet diese Mischung im Anschluss so lange mit einem Holzlöffel, bis sich eine zähe, feste Masse in Form eines Kloßes bildet. Dieser Teigkloß wird in einer Schüssel durch die einzelne Zugabe von frischen Eiern weiter gerührt und, sobald er geschmeidig ist, entweder mithilfe eines

Spritzbeutels oder mit einem Löffel in beliebigen For-men aufs Backblech gesetzt.

Vereinzelt werden auch fertige Teige – zum Beispiel Yufka-, Filo- oder Blätterteig – in den Rezepten verar-beitet. Diese hauchdünnen, vorgefertigten Teigblätter brauchen viel Zeit und Geschick, um selbst hergestellt zu werden. Dies ist absolut nicht nötig, denn sie sind entweder gefroren oder im Kühlregal in guter Qualität zu kaufen.

Blind backen und Stäbchenprobe

Speziell kleine Backformen sollten stets sorgfältig ein-gefettet werden, damit sich das Gebäck, ob süß oder pikant, nach dem Backen gut herauslösen lässt. Bei manchen Rezepten wird die Form zusätzlich mit Mehl »ausgeklopft«, dies trägt zum problemlosen Stürzen des Backwerks bei, falls es sich um einen etwas kleb-rigen Teig handelt.

Bei Teigböden, die mit saftigem Belag gefüllt werden sollen, oder bei Mürbeteigböden mit hohem Rand ist es empfehlenswert, den Teig »blind« vorzubacken, damit er schön knusprig wird. Dazu den Teigboden mehrmals mit einer Gabel einstechen, um zu vermei-den, dass er sich während des Backvorganges wellt, und mit Backpapier belegen. Entweder mit einer kleine-ren Form beschweren, oder getrocknete Hülsenfrüchte wie Erbsen oder Bohnen aufstreuen. Alternativ kann man spezielle Blindbackkugeln kaufen. Diese Kugeln bestehen aus Keramik und eine Menge von etwa 800 g ist für eine Backform bis 30 cm ausreichend.

Oftmals sind sie bereits in dieser Menge abgefüllt. Sie sind sehr praktisch, da sie nach dem Erhitzen sofort wieder zurück in den Behälter gefüllt werden können.

Die Förmchen mit den beschwerten Teigböden auf die unterste Schiene in den vorgeheizten Backofen schieben und knapp 10 Minuten vorbacken. Im Anschluss herausnehmen, den Teig freilegen und kurz abkühlen lassen, bevor der Belag eingefüllt wird.

Besonders bei Rührteigen empfehle ich die Stäbchenprobe: Dies ist eine Garprobe, bei der nach der angegebenen Backzeit mit einem Holzstäbchen, sei es ein Zahnstocher oder ein Schaschlikspieß, senkrecht in die höchste Kuchenstelle eingestochen wird. Haftet am Stäbchen noch Teig, ist dies ein Zeichen, dass der Teig noch etwas braucht. Bleibt das Stäbchen sauber, ist der Kuchen fertig gebacken. Die Backzeit ist oftmals je nach Backofen unterschiedlich. Auf diese Art vermeidet man ein zu kurzes oder zu langes Backen.

Gutes Gelingen heißt Genuss pur

Alle Rezepte sind so beschrieben, dass auch »Back-Neulinge« gut damit zurechtkommen. Manche kleinen Kniffe sind aber doch sehr wissenswert und erleichtern die Arbeit enorm:

Eischnee: Immer als Erstes schlagen und dann bereitstellen. Würden man die Eigelbe zuerst rühren, könnten noch fettige Spuren an den Quirlen haften und den Eischnee am Festwerden hindern. Eine Prise Salz macht den Eischnee noch standhafter.

Oben Mini-Calzone mit Gemüse – ideal für Unterwegs

Hefe: Die Triebkraft von frischer Hefe ist zwar stärker, ersatzweise kann aber immer Trockenhefe verwendet werden. Als Orientierung gilt: 1 Tütchen Trockenhefe von 7 g entspricht ½ Packung frischer Hefe (21 g). Die frische Hefe kann auch eingefroren werden; beim Auftauen ist sie zwar flüssig, hat aber von ihrer Triebkraft nichts eingebüßt.

Butter: Verleiht Teigen Geschmeidigkeit, Glanz und Saftigkeit sowie einen nussigen Geschmack. Butter kann ebenfalls im Tiefkühler gelagert werden, sie taut sehr schnell auf. Wird zimmerwarme Butter benötigt und sie ist noch zu kalt, kann man sie in einem Topf auf dem Herd leicht erwärmen.

Erstes Kapitel

Fruchtig & frisch

Apfel-Golatschen
»Austria«

Zutaten

Für 30–34 Stück

Für den Teig:
200 ml Milch
½ frischer Hefewürfel
(21 g oder 1 Pck. Trockenhefe)
50 g Zucker
500 g Mehl
100 g zimmerwarme Butter
1 TL fein geriebene Bio-Zitronen-
schale
1 Prise Salz
1 Prise Zimtpulver

Für die Füllung:
2 EL Rosinen
1 EL Rum (oder Orangensaft)
500 g Äpfel (z. B. Elstar, Boskop)
Saft von 1 Zitrone
50 g Zucker
1 Pck. Vanillezucker

Außerdem:
Butter für das Backblech
1 Eigelb zum Bestreichen
Milch zum Bestreichen
Puderzucker zum Bestäuben

Zubereitungszeit: 40 Minuten
Backzeit: 20 Minuten
Ruhezeit: 45 Minuten

Zartes Hefegebäck als handliche »Minis« gebacken, mit Äpfeln fruchtig gefüllt und zart mit Rosinen gesüßt – ein Gaumenschmaus auf jeder Kaffeetafel.

1 Die Milch leicht erwärmen und anschließend in einer Schüssel mit Hefe und Zucker verrühren. Abgedeckt etwa 15 Minuten ruhen lassen. Das Mehl auf die Arbeitsfläche sieben, eine Mulde hineindrücken und die Hefe-Milch eingießen. Mit Butter, Zitronenschale, Salz sowie Zimtpulver zu einem geschmeidigen Teig kneten. Diesen mit einem Tuch abdecken und bei Zimmertemperatur etwa 30 Minuten ruhen lassen.

2 In der Zwischenzeit die Rosinen in einem Sieb mit heißem Wasser übergießen, in eine Schüssel geben und mit Rum beträufeln. Die Äpfel schälen, vierteln, entkernen und in kleine Würfel schneiden. Mit Zitronensaft, Zucker, Vanillezucker und Rum-Rosinen kurz in einem Topf erwärmen und 2–3 Minuten dünsten. Dann gut abkühlen lassen.

3 Den Backofen auf 200 °C (Umluft 180 °C) vorheizen und ein Backblech mit Butter einfetten. Den Teig in zwei Hälften teilen. Jede Hälfte nochmals kneten, auf einer bemehlten Arbeitsfläche dünn ausrollen und mit einem Messer in Quadrate von etwa 7 x 7 cm schneiden. In die Mitte jedes Teig-Quadrates etwas Apfel-Füllung geben. Das Eigelb mit 1 EL Wasser verquirlen und die Teigränder damit einstreichen, dann die vier Ecken zur Mitte ziehen und über der Füllung zusammendrücken.

4 Die Teigtäschchen auf das Backblech legen und mit der Milch bestreichen. In den vorgeheizten Backofen schieben und 15–20 Minuten knusprig und goldgelb backen. Abkühlen lassen und mit Puderzucker bestäuben.

Kleine Pastelitos
mit Quittengelee

Zutaten

Für 14–15 Stück

Für den Teig:
200 g Mehl
1 Prise Backpulver
100 g Butter
1 Prise Salz
1 Ei
1 TL Zucker

Für die Füllung:
150 g Quittengelee oder
Aprikosenkonfitüre

Außerdem:
Backpapier für das Backblech
1 Eigelb zum Bestreichen
Puderzucker zum Bestäuben

Zubereitungszeit: 60 Minuten
Backzeit: 20 Minuten

Ein Rezept aus Argentinien: kleine süße Pastetchen aus dem Backofen mit einer leckeren Quittenfüllung – lecker und nicht unbedingt alltäglich!

1 Für den Teig das Mehl mit 1 Prise Backpulver auf eine Arbeitsfläche sieben. Die Butter in kleine Stücke schneiden und zusammen mit 1 Prise Salz, dem Ei sowie dem Zucker hinzufügen. Alles zu einem glatten Teig kneten und bei Bedarf einige Tropfen kaltes Wasser beimischen.

2 Den Backofen auf 200 °C (Umluft 180 °C) vorheizen und ein Backblech mit Backpapier belegen. Den Teig etwa 3 mm dick ausrollen und Kreise von etwa 11 cm Durchmesser ausstechen. Jeden Teigkreis mit etwas Quittengelee bestreichen. Das Eigelb mit 1 EL Wasser verquirlen und die Teigränder damit bestreichen, dann zu Täschchen zusammenklappen. Die Teigränder dabei fest zusammendrücken.

3 Die Teigtäschchen auf das Backblech legen und zusätzlich mit Eigelb bestreichen. Das Backblech in den vorgeheizten Backofen schieben und die Teigtäschchen 15–20 Minuten hell- bis goldgelb backen. Anschließend abkühlen lassen und mit Puderzucker bestäuben.

Mini-Gugels
mit Cranberrys

Zutaten

**Für 1 Silikonform
mit 18 Mulden**

Für den Teig:
80 g Mehl
½ TL Backpulver
80 g Zucker
Mark von ¼ Vanilleschote
1 Prise Salz
1 Ei
1 EL Butter, geschmolzen
50 ml Buttermilch
2 EL getrocknete Cranberrys

Außerdem:
Butter und Mehl
für die Förmchen
1 Spritzsack mit Tülle

Zubereitungszeit: 20 Minuten
Backzeit: 15 Minuten

Fruchtig, unwiderstehlich gut – so schmecken die gebackenen Gugels. Besonders unkompliziert sind sie auch, da sie nach dem Backen regelrecht aus ihren Förmchen »herauspurzeln«.

1 Das Mehl mit Backpulver in eine Schüssel sieben. Dann Zucker, Vanillemark und das Salz hinzufügen und mit einem elektrischen Handrührgerät nach und nach das Ei, die Butter und die Buttermilch einrühren. Es sollte ein glatter Teig entstehen.

2 Den Backofen auf 200 °C (Umluft 180 °C) vorheizen. Die Vertiefungen der Silikonform mit Butter bestreichen und mit Mehl ausklopfen. Den Teig in einen Spritzsack geben und in die Mulden füllen. Die Mulden sollten nicht ganz gefüllt sein, da die Mini-Gugels beim Backen aufgehen. Anschließend die Cranberrys klein schneiden und auf dem Teig verteilen. Im Backofen knapp 15 Minuten backen, nach etwa 10 Minuten die Stäbchenprobe machen (siehe Seite 11).

Tipps Hat man gerade nichts anderes vorrätig, kann das frische Vanillemark auch durch Vanillezucker ersetzt werden, geschmacklich ergibt sich aber auf alle Fälle ein Unterschied.

Die Mini-Gugels können nach dem Abkühlen mit Puderzucker glasiert werden. Dazu einfach etwas Puderzucker mit Zitronensaft verrühren. Hübsch sieht es auch aus, wenn die Glasur mit etwas roter Lebensmittelfarbe eingefärbt wird.

Mini-Walnuss-Brownies
mit Kürbis

Zutaten

Für 36 Minis

Für den Teig:
300 g Kürbisfruchtfleisch
(Hokkaido oder Butternut)
1 EL Zucker
je 1 Prise Currypulver, gemahlener
Zimt und Muskatnuss
200 g dunkle Schokolade
100 g Butter
200 g Zucker
5 Eier
1 Prise Salz
150 g Walnüsse, fein gehackt
200 g Mehl
½ TL Backpulver

Außerdem:
Backpapier für das Backblech
150 g helle oder dunkle Schokolade zum Bestreichen

Zubereitungszeit: 40 Minuten
Backzeit: 30 Minuten

Die Brownies lassen sich auf dem Blech zubereiten und dann beliebig portionieren oder gleich einzeln in Muffinförmchen backen. Diese kann man portionsweise einfrieren und so ganz lange Freude daran haben.

1 Das Kürbisfruchtfleisch in kleine Würfel schneiden. In einem Topf 1 EL Zucker schmelzen und die Kürbiswürfel einrühren, dann 100 ml Wasser zugeben und das Ganze aufkochen. Mit Currypulver, Zimt und Muskatnuss würzen und den Kürbis 5–8 Minuten weich kochen. Anschließend mithilfe des Stabmixers pürieren. Die Schokolade in kleine Stücke brechen und zusammen mit der Butter in einer hitzebeständigen Schüssel über einem Wasserbad schmelzen.

2 Den Backofen auf 180 °C (Umluft 160 °C) vorheizen und ein Back-blech mit Backpapier belegen. Mit einem elektrischen Handrührgerät Zucker, Eier und Salz schaumig schlagen. Schrittweise die Schokoladen-butter sowie das Kürbismus einrühren. Zuletzt Walnüsse, Mehl und Back-pulver unterheben.

3 Den Teig auf das Backblech geben, glatt streichen und auf der mittleren Schiene knapp 30 Minuten backen. Den gebackenen Teig kurz abkühlen lassen. Die Kuvertüre ebenfalls über einem Wasserbad schmelzen und die Teigfläche damit bestreichen. Abkühlen lassen und in Stücke schneiden.

Tipp Das Kürbismus nach Belieben auch mit etwas gemahlenem Chili würzen – das gibt einen scharfen Kick!

Karottenkuchen
aus Blumentöpfchen

Zutaten

**Für 6 kleine Tontöpfchen
à 200–300 ml**

Für den Teig:
400 g Karotten
1 Bio-Orange (oder 2–3 EL Multivitaminsaft)
4 Eier, getrennt
250 g Zucker
200 g gemahlene Haselnüsse
(oder Mandeln)
200 g Mehl
1 TL Backpulver
1 Prise gemahlener Zimt
1 Prise Salz

Außerdem:
Butter und Mehl für die Töpfchen

Zubereitungszeit: 40 Minuten
Backzeit: 40 Minuten

Für den ganz besonderen Pfiff: Ein Karottenstück mit Stielansatz in die Mitte des saftig gebackenen Rührkuchens stecken. Der Frühling lässt grüßen!

1 Die Blumentöpfchen für 5 Minuten in kaltes Wasser einlegen und anschließend mit einem Küchentuch abtrocknen. Mit Butter einfetten und mit Mehl ausklopfen. Die Karotten schälen und auf einer Küchenreibe fein raspeln. Die Orange heiß waschen, mit Küchenkrepp fest abreiben und etwa die Hälfte der Schale fein abreiben. Die Orange im Anschluss halbieren und den Saft auspressen.

2 In der Zwischenzeit den Backofen auf 180 °C (Umluft 160 °C) vorheizen. Das Eiweiß zu steifem Schnee schlagen und die Eigelbe mit dem Zucker etwa 2 Minuten cremig rühren. Nach und nach Karottenraspel, Haselnüsse, Mehl, Backpulver, Zimt sowie Salz unterrühren. Je nach Teigkonsistenz 1–2 EL Orangen- oder Multivitaminsaft zugeben.

3 Zuletzt den Eischnee unter den Teig ziehen. Diesen in die Töpfchen füllen, auf ein Backblech stellen und 35–40 Minuten im vorgeheizten Backofen backen, dabei die Stäbchenprobe machen (siehe Seite 11).

4 Die Förmchen aus dem Backofen nehmen und abkühlen lassen. Die Teigränder mit einem spitzen Messer leicht lösen, aber die Kuchen in den Förmchen lassen. Erst zum Servieren stürzen.

Tipp 100 g Puderzucker mit restlichem Orangensaft glatt rühren und die gebackenen Küchlein damit bestreichen, vollständig abkühlen lassen.

Ingwer-Birnen-Törtchen
mit Salzkaramell

Zutaten

Für 6 Förmchen à 100 ml

Für den Teig:
1 saftige Birne
(etwa 200 g Fruchtfleisch)
Saft von ½ Orange
4–5 cm frischer Ingwer
80 g zimmerwarme Butter
50 g Zucker
1 Pck. Vanillezucker
3 Eier
150 g Mehl
¼ TL Backpulver

Für die Sauce:
50 g Zucker
100 g Sahne
frisch gemahlenes
grobes Meersalz

Außerdem:
Butter für die Förmchen
frische Melisseblättchen
Puderzucker zum Bestäuben

Zubereitungszeit: 30 Minuten
Backzeit: 25 Minuten

Diese fruchtig-würzigen Törtchen in Kombination mit der warmen Salz-karamell-Sauce – eine wahre Geschmacksexplosion und einfach zum Lippenabschlecken lecker!

1 Die Birne waschen, schälen, entkernen und in kleine Würfel schneiden. Die Würfel mit Orangensaft vermengen. Den Ingwer schälen, fein hacken und mit den Orangen-Birnen mischen. Den Backofen auf 200 °C (Umluft 180 °C) vorheizen und die Förmchen mit Butter einfetten.

2 Butter, Zucker, Vanillezucker und Eier mit einem elektrischen Hand-rührgerät cremig rühren. Das Mehl mit Backpulver mischen und unter-mengen. Dann die Orangen-Birnen unterziehen, den Teig in den Förm-chen verteilen und diese auf ein Backblech stellen. Im vorgeheizten Backofen 20–25 Minuten backen. Nach dabei die Stäbchenprobe machen (siehe Seite 11).

3 Für die Sauce kurz vor Ende der Backzeit den Zucker in einer Pfanne hellbraun karamellisieren lassen, dabei aber nicht rühren. Erst dann die Sahne zugießen und unter Rühren mit einem Holzlöffel den Zucker voll-ständig auflösen lassen. Die Pfanne anschießend vom Herd ziehen und die Sauce nach Geschmack mit etwas Meersalz würzen.

4 Die gebackenen Törtchen mithilfe eines spitzen Messers aus den Förm-chen lösen, auf Teller stürzen und mit Salzkaramell beträufeln. Mit frisch gezupften und gewaschenen Melisseblättchen garnieren und mit Puder-zucker bestäuben.

Birnen-Muffins
mit Walnüssen

Zutaten

**Für 1 Muffinblech
mit 24 Mulden**

Für den Teig:
2 saftige Birnen (etwa 300 g)
150 g Walnusshälften
500 g Buttermilch
50 g zimmerwarme Butter
200 g Zucker
2 Eier
400 g Mehl
½ Pck. Backpulver
200 g Haferflocken
2 EL Hagelzucker

Außerdem:
Butter für die Förmchen

Zubereitungszeit: 30 Minuten
Backzeit: 25 Minuten

Das Besondere an diesem Muffinteig sind die Buttermilch sowie die Haferflocken: Saftig und mit einem gewissen Biss – so schmecken diese kleinen süßen Dinger.

1 Den Backofen auf 200 °C (Umluft 180 °C) vorheizen und die Mulden des Muffinbleches mit Butter auspinseln. Die Birnen waschen, schälen, entkernen und in kleine Stücke schneiden. Die Walnusshälften mit einem Messer grob hacken.

2 Mithilfe eines elektrischen Handrührgeräts Buttermilch, Butter, Zucker und Eier cremig rühren. Dann Mehl, Backpulver sowie die Haferflocken untermengen. Zuletzt die Birnenstückchen und die gehackten Walnüsse unterheben.

3 Den Teig bis zu zwei Dritteln Höhe in die Mulden füllen, damit er genug Platz zum Aufgehen hat, und mit Hagelzucker bestreuen. Die Muffins im vorgeheizten Ofen etwa 25 Minuten goldgelb backen, noch warm aus den Förmchen lösen und bis zum Servieren vollständig abkühlen lassen.

Tipp Die Muffins zum Servieren in hübsche Papiermanschetten setzen und mit einem Klecks Schlagsahne verzieren.

WITH LOVE

2 saftige Birnen
150 g Walnusshälften
500 g Buttermilch
50 g Butter
200 g Zucker
2 Eier
400 g Mehl
1 P. Backpulver
200 g Haferflocken
2 EL. Hagelzucker

Butter für die
Förmchen

WITH LOVE

Banana-Muffins
mit Mango

Zutaten

Für 12 Muffins

Für den Teig:
50 g Kokosraspeln
1 kleine süße Mango
(150 g Fruchtfleisch)
1 reife Banane
1 Ei
100 g Zucker
50 ml Pflanzenöl
100 ml Kokosmilch
250 g Mehl
½ Pck. Backpulver
1 Prise Salz

Außerdem:
24 Muffin-Papiermanschetten
oder 1 Muffinblech
1 EL flüssige Butter
für die Förmchen

Zubereitungszeit: 30 Minuten
Backzeit: 25 Minuten

Eine herrlich tropisch fruchtige Kombination aus Bananen, Kokosnuss und Mango – in den Teig gerührt und saftig in kleinen Portionen gebacken, ideal zum »Zu-Hause-snacken« oder Mitnehmen!

1 Den Backofen auf 180 °C (Umluft 160 °C) vorheizen. Die Kokosnussraspeln in einer heißen Pfanne ohne Fett etwa 1 Minute rösten, bis sie duften. Dann herausnehmen und zum Abkühlen auf einen Teller geben. Je zwei Papiermanschetten ineinandersetzen und mit flüssiger Butter auspinseln (alternativ das Muffinblech).

2 Die Mango schälen, das Fruchtfleisch vom Kern schneiden und klein würfeln. Die Banane schälen, in etwas kleinere Würfel schneiden und in einer Schüssel mit einer Gabel zu feinem Mus zerdrücken. Das Ei sowie den Zucker hinzufügen und mit einem elektrischen Handrührgerät langsam das Pflanzenöl sowie die Kokosmilch einrühren.

3 Das Mehl mit Backpulver und Salz unter die Mischung rühren. Zuletzt mit einem Spatel die Mangostückchen sowie die Kokosraspeln unterziehen. Den Teig bis zu zwei Dritteln Höhe in die gefetteten Papierförmchen füllen, damit er genug Platz zum Aufgehen hat. Die Förmchen auf ein Backblech setzen und im vorgeheizten Backofen 20–25 Minuten backen. Herausnehmen und vollständig abkühlen lassen.

Tipp Für den Kaffeeklatsch die Muffins auf einer Etagere servieren und mit Puderzucker bestäuben. Dazu passt eine leckere Kokossahne: Dazu 200 g Sahne mit einem 1 Päckchen Sahnesteif sowie 1 Päckchen Vanillezucker steif schlagen, dann üppig mit gerösteten Kokosraspeln bestreuen.

Mini-Kuchen
mit Bananen

Zutaten

Für 4 Kastenförmchen à 300 ml

Für den Teig:

400 g vollreife Bananen
Saft von 1 Limette (oder Zitrone)
150 g zimmerwarme Butter
200 g Zucker
2 Eier
400 g Mehl
½ Pck. Backpulver
100 g Kokosflocken
40 ml weißer Rum
(oder Orangensaft)

Außerdem:

1 TL Butter für die Förmchen
Mehl zum Ausklopfen

Zubereitungszeit: 20 Minuten
Backzeit: 30 Minuten

Saftig, fruchtig und süß schmecken diese kleinen Bananenkuchen. Perfekt werden sie mit einer Glasur aus Schokolade … und etwas Kokosraspeln. Ein Gedicht!

1 Den Backofen auf 200 °C (Umluft 180 °C) vorheizen. Die Förmchen mit Butter einfetten und mit Mehl ausklopfen. Die Bananen schälen, klein schneiden und in einer Schüssel mit einer Gabel zerdrücken. Alles mit Limetten- oder Zitronensaft beträufeln.

2 Die Butter mit dem Zucker in einer Schüssel schaumig schlagen und die Eier unterrühren. Das Mehl mit dem Backpulver mischen und unter die Butter-Eier-Masse ziehen. Zuletzt die Kokosflocken, den Rum sowie das Bananenmus unter den Teig rühren.

3 Die Masse zu ¾ Höhe in die Förmchen füllen und die Oberflächen glatt streichen. Anschließend auf ein Backblech auf die mittlere Schiene des Backofens stellen und die Mini-Kuchen etwa 30 Minuten backen. Sicherheitshalber die Stäbchenprobe machen (siehe Seite 11). Dann herausnehmen, kurz abkühlen lassen, stürzen und vollständig abkühlen lassen.

Tipp Einfach eine Packung Schokoladenglasur nach Packungsanleitung im Wasserbad oder in der Mikrowelle schmelzen und die Mini-Kuchen damit überziehen.

Mini-Windbeutel
mit Mangosahne

Zutaten

Für 16–18 Stück

Für den Brandteig:
100 g Butter
150 g Mehl
4 Eier

Für die Füllung:
2 kleine saftige Mangos
100 g Mascarpone
200 g Sahne
1 Pck. Vanillezucker
1 Pck. Sahnesteif

Außerdem:
Backpapier für das Backblech
Puderzucker zum Bestäuben

Zubereitungszeit: 50 Minuten
Backzeit: 25 Minuten

Den Brandteig für die Windbeutel zu machen ist nicht schwer – es erfordert nur ein wenig Geschick. Aber das fruchtig-fluffige Ergebnis lohnt die Arbeit allemal.

1 In einem breiten Topf Butter und 250 ml Wasser unter Rühren aufkochen. Dann das Mehl rasch in einem Schritt dazugeben und mit einem Holzlöffel so lange rühren, bis sich am Topfboden eine weißliche Schicht und ein Teigkloß bildet. Den Topf vom Herd ziehen.

2 In der Zwischenzeit den Backofen auf 220 °C (Umluft 200 °C) vorheizen und ein Backblech mit Backpapier belegen. Die Eier einzeln in den leicht abgekühlten Teig rühren, dabei immer warten, bis das Ei vollständig vom Teig aufgenommen wurde. Der Teig sollte leicht zäh und schwer vom Löffel »reißen«.

3 Mithilfe von zwei Esslöffeln kleine Teigportionen mit ausreichend Abstand auf das Backpapier setzen und die Windbeutel im vorgeheizten Backofen etwa 25 Minuten goldgelb backen. Dabei die Ofentür geschlossen halten, damit die Windbeutel nicht zusammenfallen.

4 Während des Backvorganges die Mangos schälen, das Fruchtfleisch vom Kern trennen und in kleine Würfel schneiden. Diese mit dem Mascarpone verrühren. Die Sahne mit Vanillezucker und Sahnesteif schlagen und unter die Mango-Mascarpone-Mischung heben. Bis zum Gebrauch in den Kühlschrank stellen.

5 Nach dem Auskühlen die Windbeutel quer durchschneiden und erst kurz vor dem Servieren mit der Mangosahne füllen.

Mini-Tartelettes
mit Papaya

Zutaten

Für 8 Förmchen à 100 ml

Für den Teig:
200 g Mehl
1 Prise Salz
50 g Kokosraspeln
100 g zimmerwarme Butter
1 Ei

Für die Füllung:
1 süße Papaya
(150 g Fruchtfleisch)
Saft von ¼ Limette oder Zitrone
150 ml Kokosmilch
1 EL Zucker
2 Eier

Außerdem:
Butter für die Förmchen
Mehl für die Arbeitsfläche
Backpapier und Hülsenfrüchte zum
Blindbacken

Zubereitungszeit: 40 Minuten
Backzeit: 30–35 Minuten
Ruhezeit: 1 Stunde

Selbstgebackenes macht immer stolz – vor allem, wenn in der Kaffee-runde die raffinierten Tartes gelobt werden. Fruchtige Papaya und Kokos-nuss mit einer Prise gemahlenem Zimt, das ist einfach lecker!

1 Das Mehl mit Salz und Kokoraspeln auf der Arbeitsfläche vermischen. Zügig mit der Butter, dem Ei und 2–3 EL Wasser zu einem geschmeidigen Teig zusammendrücken. Den Teig in 8 Portionen teilen und jede Teig-portion auf der bemehlten Arbeitsfläche zu passenden Kreisen für die Förmchen ausrollen.

2 Die Förmchen mit Butter einfetten und die Teigkreise jeweils mit den Händen einpassen, sodass sie bis zum Rand hoch reichen. Die mit Teig ausgelegten Förmchen für etwa 1 Stunde in den Kühlschrank stellen. In der Zwischenzeit den Backofen auf 200 °C (Umluft 180 °C) vorheizen.

3 Die Förmchen aus dem Kühlschrank nehmen und mit Backpapier sowie Hülsenfrüchten belegen. Auf die unterste Schiene in den vorgeheiz-ten Backofen stellen und 10–12 Minuten blind backen. Anschließend her-ausnehmen und mindestens 5 Minuten abkühlen lassen.

4 Für die Füllung die Papaya schälen, längs vierteln, entkernen und quer in Scheibchen schneiden. Mit Limetten- oder Zitronensaft beträufeln. Die vorgebackenen Böden mit den Papayascheiben auslegen. Die Kokosmilch mit Zucker und Eiern verrühren und die Papayas löffelweise damit überzie-hen. Im Anschluss zurück in den Backofen geben und die Mini-Tartelettes in etwa 20 Minuten fertig backen.

Mini-Clafoutis
mit Zwetschgen

Zutaten

Für 8 Förmchen à 100 ml

Für den Teig:
250 g frische Zwetschgen
2 Eier
2 EL Puderzucker
1 Prise Salz
200 g Mehl
200 ml Milch

Außerdem:
Butter für die Förmchen
Puderzucker zum Bestäuben

Zubereitungszeit: 20 Minuten
Backzeit: 20 Minuten

Diese »kleinen Franzosen« sind eine Kombination aus Kuchen und Auflauf. Sie schmecken noch warm köstlich und im Rührteig machen sich süße und saftige Früchte der Saison ganz wunderbar.

1 Die Pflaumen waschen, abtropfen lassen, halbieren und Stein entfernen. Den Backofen auf 220 °C (Umluft 200 °C) vorheizen und die Förmchen mit Butter einfetten.

2 Mit einem elektrischen Handrührgerät die Eier mit Puderzucker und Salz schaumig aufschlagen. Mehl und Milch nach und nach unterrühren, bis ein lockerer Teig entstanden ist.

3 Den Teig löffelweise in die Förmchen füllen und 3–4 halbe Zwetschgen hineingeben. Dann die Förmchen auf ein Backblech stellen und für etwa 20 Minuten in den vorgeheizten Backofen geben. Anschließend aus dem Backofen nehmen, kurz abkühlen lassen und mit Puderzucker bestäubt servieren.

Tipp Anstatt Zwetschgen süße Kirschen, Mirabellen oder süße Aprikosen verwenden. Diese dann einfach in etwas kleinere Stücke schneiden und in den Teig stecken.

Süße Mini-Spiegeleier
mit Pfirsich

Zutaten

Für 8 Stück

Für den Teig und Belag:
2 Scheiben Blätterteig, aufgetaut
8 eingelegte Pfirsichhälften aus
dem Glas oder der Dose
1 Eigelb
100 g Puderzucker
Saft von 1 Zitrone

Außerdem:
Backpapier für das Backblech

Zubereitungszeit: 15 Minuten
Backzeit: 15 Minuten

Fix vorbereitet, schnell gebacken und wahrscheinlich auch flott verzehrt – so lecker und süß kommen die »Spiegeleier« mal ganz ungewohnt daher!

1 Den Backofen auf 200 °C (Umluft 180 °C) vorheizen und ein Backblech mit Backpapier belegen. Jede Blätterteigscheibe in vier gleichgroße Quadrate schneiden. Die Pfirsichhälften in einem Sieb abtropfen lassen.

2 Die acht Blätterteigstücke auf das Backblech legen und jeweils in der Mitte eine Pfirsichhälfte mit der Schnittseite nach unten setzen. Das Eigelb mit etwas Wasser verquirlen und die Teigränder rund um die Pfirsichhälften bestreichen.

3 Das Backblech in den vorgeheizten Backofen schieben und die »Spiegeleier« 15–20 Minuten backen. Dann herausnehmen und kurz abkühlen lassen. Zum Schluss den Puderzucker mit Zitronensaft verrühren und als »Eiweiß« um die Pfirsichhälften streichen.

Tipp Die Pfirsichhälften vor dem Backen nach Belieben mit etwas flüssiger Butter bestreichen, so bleiben sie saftiger.

Himbeerherzen mit Kokos

am Stiel

Zutaten

Für 22–24 Stück (½ Backblech)

Für den Teig:
2 Eiweiß
4 Eigelb
50 g Zucker
40 g Mehl
20 g Speisestärke

Zum Garnieren:
100 g Himbeerkonfitüre
100 g Kokosraspeln

Außerdem:
Backpapier für das Backblech
Ausstecher in Herzform

Zubereitungszeit: 30 Minuten
Backzeit: 15 Minuten

Die ausgestochenen Biskuitherzen werden mit Himbeerkonfitüre bestrichen und in Kokosraspeln gewälzt. Man kann sie entweder auf einer Etagere präsentieren oder einzeln als Cakepops auf Stiele stecken. Ein Liebesbeweis auf die fruchtige Art!

1 Den Backofen auf 240 °C (Umluft 220 °C) vorheizen und ein Backblech mit Backpapier belegen. Die Eiweiße zu steifem Schnee schlagen. In einer zweiten Schüssel die Eigelbe mit dem Zucker einige Minuten schaumig rühren. Zuerst Mehl und Speisestärke unterrühren, dann zuletzt die steif geschlagenen Eiweiße unterheben.

2 Den Biskuitteig auf die Hälfte des mit Backpapier ausgelegten Backblechs streichen und 12–15 Minuten im vorgeheizten Backofen backen. Die Teigplatte auf eine Arbeitsplatte stürzen und das Backpapier vorsichtig abziehen.

3 Den Biskuitteig kurz abkühlen lassen und mit dem Ausstecher Herzen herstellen. Für die Garnitur die Himbeerkonfitüre in einem kleinen Topf erwärmen, um die Kerne zu entfernen durch ein feines Sieb geben und die Biskuitherzen damit bestreichen. Im Anschluss in Kokosraspeln wenden.

Tipp Den Biskuitteig nicht zu dünn auf das Backblech streichen, damit die gebackenen Herzen auch gut aufgespießt werden können.

Mini-Käsetörtchen

im knusprigen Blätterkleid

Zutaten

Für 6 Förmchen à etwa 100 ml

Für die Füllung:
1 Ei
50 g Zucker
1 Prise Vanillezucker
200 g Frischkäse (Doppelrahm-
stufe)
1 TL Abrieb von 1 Bio-Zitrone
1 TL Backpulver

Für den Teig:
200 g Filoteigblätter
(aus dem Kühlregal)
50 g flüssige Butter

Außerdem:
Butter für die Förmchen

Zubereitungszeit: 30 Minuten
Backzeit: 20 Minuten

Für dieses Rezept kann auch Strudelteig aus der Kühltheke oder türkischer Yufkateig verwendet werden. Mit etwas Sahne und einigen Krokantkörnern bestreut, bekommen die leckeren Törtchen eine knackig-cremige Note.

1 Mithilfe eines elektrischen Handrührgeräts das Ei mit Zucker und Vanillezucker cremig schlagen. Dann Frischkäse, Zitronenabrieb sowie Backpulver unterrühren.

2 Den Backofen auf 200 °C (Umluft 180 °C) vorheizen und sechs Förmchen mit Butter auspinseln.

3 Die Filoteigblätter in Quadrate von etwa 13 x 13 cm schneiden. Je drei Teigquadrate einzeln mit Butter bestreichen und versetzt in die Förmchen legen, sodass die Ränder der Förmchen überlappen.

4 Die Käsemasse mit einem Esslöffel in den Förmchen verteilen, im Anschluss etwa 20 Minuten im vorgeheizten Ofen backen. Dann herausnehmen und vor dem Servieren vollständig abkühlen lassen.

Tipp Die Käsetörtchen am besten aus den Förmchen nehmen und dick bestäubt mit Puderzucker auf hübschen Tellern anrichten.

Mini-Becherkuchen
mit Joghurt

Zutaten

Für 8 Caipirinha- oder Marmeladengläser à 200–250 ml

Für den Teig:
150 g Naturjoghurt (1 Becher)
1 Becher Pflanzenöl
2 Becher Zucker
3 Eier
3 Becher Mehl
1 Tl Backpulver
½ Pck. Vanillezucker
1 EL Milch (oder Sahne)
1 TL ungesüßtes Kakaopulver
½ TL rote Lebensmittelfarbe
(Gelfarbe)

Außerdem:
Butter und Mehl für die Gläser
200 g Sahne nach Belieben
200 g Joghurt-Fruchtgummis

Zubereitungszeit: 30 Minuten
Backzeit: 35 Minuten

Einfacher geht's kaum: Becher für Becher abmessen, verquirlen und drei farbige Teigschichten in Gläser geben. Nach dem Backen dick mit Sahne und bunten Joghurt-Fruchtgummis garnieren.

1 Den Backofen auf 200 °C (Umluft 180 °C) vorheizen. Die Gläser mit Butter einfetten und mit Mehl ausklopfen. Den Joghurt aus dem Becher in eine Schüssel geben. Den leeren Joghurtbecher mit Pflanzenöl füllen und dieses in eine zweite Schüssel geben.

2 Den Becher zweimal mit Zucker füllen, zum Pflanzenöl geben und verrühren. Dann den Joghurt mit den Eiern cremig rühren, mit der Zucker-Pflanzenöl-Mischung vermengen und schrittweise Mehl sowie Backpulver hinzufügen. Den Teig anschließend dritteln. Einen Teil mit Vanillezucker verrühren. Dann die Milch mit Kakaopulver glatt rühren und mit der zweiten Teigportion mischen. Die rote Lebensmittelfarbe unter die dritte Teigportion ziehen.

3 Zuerst den Schokoladenteig gleichmäßig in den Gläsern verteilen. Darauf den Vanilleteig gießen und zuletzt den roten Teig einfüllen. Die Gläser auf ein Backblech stellen und die Kuchen im vorgeheizten Backofen 30–35 Minuten backen, dabei die Stäbchenprobe machen (siehe Seite 11). Die fertig gebackenen Kuchen kurz auskühlen lassen. Nach Belieben die Sahne steif schlagen, die Kuchen damit verzieren und mit Joghurt-Fruchtgummis belegen.

Tipp Alternativ kann man die ausgekühlten Kuchen auch mit einer Glasur aus Puderzucker und Zitronensaft überziehen.

Zweites Kapitel

Nussig & schokoladig

Mini-Gugels
mit Aprikot-Schoko

Zutaten

Für 1 Silikonform mit 18 Mulden

Für den Teig:
50 g Mehl
1 Msp. Backpulver
50 g Zucker
1 EL ungesüßtes Kakaopulver
1 Prise Salz
1 Ei
50 g zimmerwarme Butter
2 EL Sahne
2 EL Aprikosenmarmelade

Außerdem:
Butter und Mehl für die Förmchen
1 Spritzsack mit Tülle

Zubereitungszeit: 15 Minuten
Backzeit: 10–15 Minuten

Diese handlichen und schnell gebackenen »Schoko-Minis« sollte man unbedingt verstecken, damit für den Kaffeeklatsch noch etwas übrig bleibt.

1 Das Mehl mit dem Backpulver in eine Schüssel sieben. Dann Zucker und Kakaopulver hinzufügen und mit einem elektrischen Handrührgerät Salz, Ei, Butter und Sahne unterrühren. Zuletzt die Aprikosenmarmelade einrühren.

2 Den Backofen auf 200 °C (Umluft 180 °C) vorheizen. Die Vertiefungen in der Silikonform mit Butter auspinseln und mit Mehl ausklopfen. Den Teig in einen Spritzsack mit Tülle geben und in die Mulden füllen. Achtung: Die Mulden sollten nicht ganz gefüllt sein, da die Mini-Gugels beim Backen aufgehen. Im Backofen etwa 10 Minuten backen, dabei die Stäbchenprobe machen (siehe Seite 11). Aus dem Ofen nehmen, kurz abkühlen lassen, dann aus der Form nehmen und auf einem Kuchengitter vollständig abkühlen lassen.

Tipps Die abgekühlten Mini-Gugels entweder nur mit Puderzucker bestäuben oder zuerst mit erwärmter Aprikosenkonfitüre bestreichen. Kurz trocknen lassen und anschließend mit Puderzucker bestäuben. Als Alternative zur Aprikosenkonfitüre schmeckt auch Sanddorn- oder nordische Hjortron-Beere (Moltebeere).

Ein Spritzsack ist wirklich empfehlenswert, da das Füllen mit einem kleinen Löffel einfach zu umständlich und auch langwierig wäre.

Minikuchen
mit Mohn

Zutaten

Für 4 Kastenförmchen à 300 ml

Für den Teig:
4 Eier, getrennt
100 g Zucker
100 g zimmerwarme Butter
2 EL Rum (oder Multivitaminsaft)
50 g Mehl
50 g Semmelbrösel (Paniermehl)
75 g gemahlener Mohn

Außerdem:
Butter und Mehl für die Förmchen
Puderzucker zum Bestäuben

Zubereitungszeit: 30 Minuten
Backzeit: 35–40 Minuten

Diese aromatischen Kuchen schmecken auch noch nach Tagen saftig lecker. In Scheibchen schneiden und nach Belieben mit Kirschkompott oder Apfelmus genießen.

1 Den Backofen auf 200 °C (Umluft 180 °C) vorheizen und die Kastenförmchen mit Butter einfetten und mit Mehl ausklopfen. Das Eiweiß mit 50 g Zucker zu festem Schnee schlagen.

2 Die Butter mit den restlichen 50 g Zucker schaumig schlagen. Nach und nach Eigelbe, Rum, Mehl, Semmelbrösel sowie Mohn einrühren. Zuletzt den Eischnee unterziehen. Den Kuchenteig in die Förmchen füllen, auf ein Backblech stellen und im vorgeheizten Backofen 35 Minuten backen, dabei die Stäbchenprobe machen (siehe Seite 11).

3 Die fertig gebackenen Kuchen etwa 5 Minuten ruhen lassen. Dann aus den Förmchen stürzen und mit Puderzucker bestäuben.

Tipps Der Kuchenteig kann auch in runden oder eckigen Muffin- oder Kuchenförmchen à 100 ml gebacken werden – dazu brauchen Sie 12 Förmchen. Die Backzeit beträgt knapp 30 Minuten.

Da Eiweiß fettfrei ist, ist es immer besser, dieses als Erstes zu schlagen. Die Quirle brauchen für das Rühren des Eigelbs nicht mehr extra gereinigt zu werden. Arbeitet man umgekehrt, würde ein nachlässiges Abwaschen dazu führen, dass das fetthaltige Eigelb den Eischnee am festen Aufschlagen hindert.

Küchlein im Glas

»Gefleckte Kuh«

Zutaten

Für 4 Twist-off-Gläser à 300 ml

Für den Rührteig:
150 g zimmerwarme Butter
150 g Zucker
1 Pck. Vanillezucker
2 Eier
1 Prise Salz
200 g Mehl
½ TL Backpulver
1 EL Kakaopulver
3 EL Milch

Außerdem:
Butter und Mehl für die Gläser
Puderzucker zum Bestäuben

Arbeitszeit: 30 Minuten
Backzeit: 45 Minuten

Diese süße Köstlichkeit backt man am besten in Twist-off-Gläsern. Nach dem Backen die Gläser einfach mit dem Schraubverschluss verschließen, hübsch verpacken – zum Beispiel mit einem Häubchen aus Stoff und schönen Bändern – und netten Menschen damit eine Freude machen.

1 Die Gläser mit Butter einfetten und mit Mehl ausklopfen. Den Backofen auf 180 °C (Umluft 160 °C) vorheizen. Mit einem elektrischen Handrührgerät Butter, Zucker, Vanillezucker und Eier cremig rühren. Nach und nach Salz, Mehl und Backpulver unterrühren.

2 Die Hälfte des Teiges in eine andere Schüssel geben. Dann das Kakaopulver mit der Milch glatt rühren und unter eine der Teigportionen rühren. Die vorbereiteten Gläser mit einem Teil hellem und einem Teil dunklem Teig füllen, allerdings nur bis zu ¾ Höhe der Gläser, da der Teig beim Backen aufgeht. Damit der Teig fleckig aussieht, die beiden Teigsorten mithilfe eines Esslöffels abwechselnd in kleinen Portionen einfüllen.

3 Die gefüllten Gläser 40–45 Minuten im vorgeheizten Backofen backen, dabei die Stäbchenprobe machen (siehe Seite 11). Die gebackenen Glas-Kuchen aus dem Backofen nehmen und sobald man die Gläser anfassen kann, diese mit den Deckeln luftdicht verschließen und auf den Kopf stellen. Alternativ abwarten, bis die Kuchen gut abgekühlt sind, dann mit Puderzucker bestäuben und dann sofort mit den Deckeln verschließen.

Tipp Die Kuchen werden durch das unmittelbare Verschließen mit den Deckeln haltbar gemacht und schmecken beim Öffnen sehr saftig.

Lauwarme Mini-Küchlein
mit Schokolade

Zutaten

Für 8 Förmchen à 100 ml

Für den Teig:
100 g dunkle Schokolade
(z. B. 70 % Kakaogehalt)
100 g zimmerwarme Butter
3 Eier
1 Eigelb
100 g Zucker
50 g Mehl
1 Prise Backpulver

Außerdem:
Butter und Zucker für
die Förmchen

Zubereitungszeit: 20 Minuten
Backzeit: 15 Minuten

Der Teig ist schnell zubereitet, dann ab in die ofenfesten Töpfchen, ratz-fatz gebacken und noch lauwarm auf den Tisch. Beim Einstechen über-rascht ein flüssiger Schoko-Kern.

1 Die Schokolade grob in eine hitzebeständige Schüssel raspeln. Mit But-ter verrühren und über einem heißen Wasserbad schmelzen. Die Schüssel anschließend vom Wasserbad nehmen und die geschmolzene Schoko-ladenbutter abkühlen lassen.

2 Den Backofen auf 200 °C (Umluft 180 °C) vorheizen. Die Förmchen mit Butter einfetten und mit Zucker ausklopfen. Die Eier sowie das Eigelb mit dem Zucker verrühren und mit dem elektrischen Handrührgerät etwa 5 Minuten cremig aufschlagen. Dann das Mehl mit dem Backpulver da-rübersieben und unterrühren. Zuletzt die Schokoladen-Butter-Mischung einrühren.

3 Den Schokoladenteig in die Förmchen füllen und diese in den vor-geheizten Backofen geben und 12–15 Minuten backen. Danach kurz abkühlen lassen und vorsichtig stürzen.

Tipp Die Mini-Schokoküchlein am besten mit frischen Früchten servieren, auch eingelegte Kirschen passen hervorragend dazu.

Gebackener Cappuccino
mit Mokkaschokolade

Zutaten

Für 8 Förmchen à 100 ml

Für den Teig:
40 g Mokkaschokolade
1 TL lösliches Kaffeepulver
100 g Zucker
120 g zimmerwarme Butter
2 Eier
1 EL ungesüßtes Kakaopulver
150 g Mehl
½ Pck. Backpulver

Zum Garnieren:
200 g Sahne
1 Pck. Sahnesteif
Kakaopulver
Mokkabohnen

Außerdem:
Butter und Zucker
für die Förmchen
Spritzsack mit mittelgroßer Tülle

Zubereitungszeit: 30 Minuten
Backzeit: 25 Minuten

Keramik- oder Porzellantassen, aber auch Tarte- oder Muffinförmchen eignen sich als Gefäß für diesen Rührteig. Gebacken und stilecht mit Cappuccino serviert, ist er ein Hingucker auf jeder Kaffeetafel.

1 Den Backofen auf 180 °C (Umluft 160 °C) vorheizen und acht Förmchen mit Butter ausstreichen und mit Zucker ausklopfen. Die Mokkaschokolade in kleine Stücke brechen. Das Kaffeepulver in 1–2 EL heißem Wasser auflösen und kurz abkühlen lassen.

2 Mit einem elektrischen Handrührgerät Zucker, Butter, Eier, Kakaopulver sowie den Kaffee 1–2 Minuten cremig rühren. Zuletzt Mehl und Backpulver unterziehen. Die Masse in den Förmchen verteilen und in die Mitte die Schokoladenstückchen geben; die Gefäße sollten bis etwa ¾ gefüllt werden.

3 Die gefüllten Förmchen auf ein Backblech stellen und etwa 25 Minuten im vorgeheizten Ofen backen. In der Zwischenzeit die Sahne mit Sahnesteif aufschlagen. Nach dem Backen die Cappuccinos kurz abkühlen lassen, auf Unterteller geben und die Oberflächen nach Belieben mithilfe des Spritzsackes mit einer Sahnehaube garnieren.

4 Abschließend mit Kakaopulver bestäuben und nach Belieben mit Mokkabohnen servieren.

Tipp Die Förmchen nicht stürzen, denn das Innere der Cappuccinos ist leicht schokoladig-flüssig. Sollten gefüllte Förmchen übrig bleiben, vor dem Entnehmen erst gut abkühlen lassen.

»Schoko-Minza«
im Tässchen

Zutaten

Für 8 Förmchen à 100 ml

Für den Teig:
8 Schokoladentäfelchen
mit Minzefüllung
(z. B. After Eight)
3 Eier, getrennt
1 Prise Salz
100 g Zucker
100 g zimmerwarme Butter
150 g Mehl
½ TL Backpulver
100 g gemahlene Haselnüsse
(oder Mandeln)

Außerdem:
Butter und Mehl für die Tassen

Zubereitungszeit: 30 Minuten
Backzeit: 30 Minuten

Die Küchlein für die gemütliche Kaffeerunde zu Hause in Tassen backen, zum Mitbringen ins Büro einfach Silikon-Muffinförmchen verwenden. Zusätzlich Sahne als Topping aufschlagen und mit frischen Minzeblättchen garnieren.

1 Die Tassen mit Butter einfetten und mit Mehl ausklopfen. Den Backofen auf 180 °C (Umluft 160 °C) vorheizen. Die Schokoladentäfelchen klein hacken oder schneiden. Das Eiweiß mit Salz steif schlagen.

2 Die Eigelbe mit Zucker und Butter etwa 2 Minuten cremig rühren. Dann Mehl, Backpulver und Haselnüsse unterheben und zuletzt die zerkleinerte Minz-Schokolade sowie den Eischnee unterziehen.

3 Die Teigmasse in den Tassen verteilen und auf ein Backblech stellen. Im vorgeheizten Backofen knapp 30 Minuten backen, anschließend herausnehmen, kurz abkühlen lassen und sobald man die Tassen anfassen kann, auf Unterteller stellen.

Tipp Wer es schokoladiger mag, kann im zweiten Schritt 1 EL ungesüßtes Kakaopulver unter die Eigelbmasse rühren.

Walnuss-Schoko-Cookies
ganz keksig

Zutaten

**Für 2 Backbleche mit 18 Cookies
(pro Blech 9 Cookies)**

Für den Teig:
200 g Zucker
150 g zimmerwarme Butter
1 Pck. Vanillezucker
1 Ei
200 g Mehl
1 TL Backpulver
1 Prise Salz
100 g Walnüsse, gehackt
100 g Schokolade, grob gerieben
(nach Geschmack)

Außerdem:
Backpapier für das Backblech

Zubereitungszeit: 40 Minuten
Backzeit: 15 Minuten

So einfach geht das Cookie-backen – durch das Sichtfenster des Back-ofens kann man beobachten, wie sich die Teigkugeln ganz laaaaangsam zu köstlich nussigen Keksen verwandeln.

1 Zucker, Butter, Vanillezucker und Ei mit einem elektrischen Handrühr-gerät cremig rühren. Dann das Mehl mit Backpulver und Salz einrühren und zu einem glatten Teig kneten. Zuletzt die Walnüsse sowie die Schoko-ladenraspel unterrühren.

2 Den Backofen auf 180 °C (Umluft 160 °C) vorheizen und ein Back-blech mit Backpapier belegen. Den Teig in 18 Portionen teilen. Jede Teig-portion zu einer Kugel formen und 9 davon mit etwas Abstand auf das Backblech setzen. Achtung: Die Kugeln laufen während des Backens auseinander.

3 Das Backblech in den vorgeheizten Backofen schieben und die Cookies etwa 15 Minuten backen. Herausnehmen, kurz abkühlen lassen und die Kekse vorsichtig auf ein Kuchengitter heben. Anschließend das Backblech erneut mit Backpapier belegen und die restlichen Cookies backen.

Tipps Die Cookies können ganz leicht abgewandelt werden, indem man anstelle von Walnüssen Pekannüsse, Mandeln, Cashews oder eine Mischung aus allen verwendet.

Nach dem Backen und vor dem Verzehr sollten die Kekse mindestens 30 Minuten abkühlen.

Schoko-Mandel-Kugeln
»aufgespießt«

Zutaten

Für 20–22 Stück

Für den Teig:
5 Eier
100 g dunkle Schokolade
(70 % Kakaogehalt)
80 g zimmerwarme Butter
80 g Zucker
½ Pck. Backpulver
40 ml Eierlikör
200 g gemahlene Mandeln

Außerdem:
Backpapier für das Backblech
200 g dunkle Schokolade (70 %
Kakaogehalt)

Zubereitungszeit: 50 Minuten
Backzeit: 20 Minuten
Ruhezeit: 30 Minuten

Dieses Rezept ist uralt und von Omi überliefert. Allerdings ist es heute als trendige Cakepops präsentiert sehr angesagt. Die Biskuitkugeln werden einfach aufgespießt – so bekommt man keine »schokoladigen« Finger!

1 Die Eier trennen und das Eiweiß zu steifem Schnee schlagen. Bis zum Gebrauch in den Kühlschrank stellen. Die Eigelbe zur Seite stellen. Die Kuvertüre in einer hitzebeständigen Schüssel über einem heißen Wasserbad schmelzen und anschließend abkühlen lassen.

2 Den Backofen auf 180 °C (Umluft 160 °C) vorheizen und ein Backblech mit Backpapier belegen. Butter, Zucker und die Eigelbe mit einem elektrischen Handrührgerät schaumig schlagen. Dann nach und nach Backpulver, Eierlikör, Mandeln sowie Kuvertüre einrühren. Zuletzt das Eiweiß unterheben.

3 Die Teigmasse auf dem Backblech verstreichen und im vorgeheizten Backofen etwa 20 Minuten backen. Herausnehmen, den Biskuitteig auf eine Arbeitsplatte stürzen und das Backpapier abziehen. Kurz abkühlen lassen und den gebackenen Teig mit den Händen zerzupfen.

4 Den Teig dann in einer Schüssel leicht kneten, sodass eine formbare Masse entsteht. Etwa 20 Kugeln daraus formen, diese auf eine Platte legen und etwa 30 Minuten in den Kühlschrank stellen.

5 Die Kuvertüre über dem Wasserbad schmelzen lassen, je eine Teigkugel aufspießen und mit Kuvertüre überziehen.

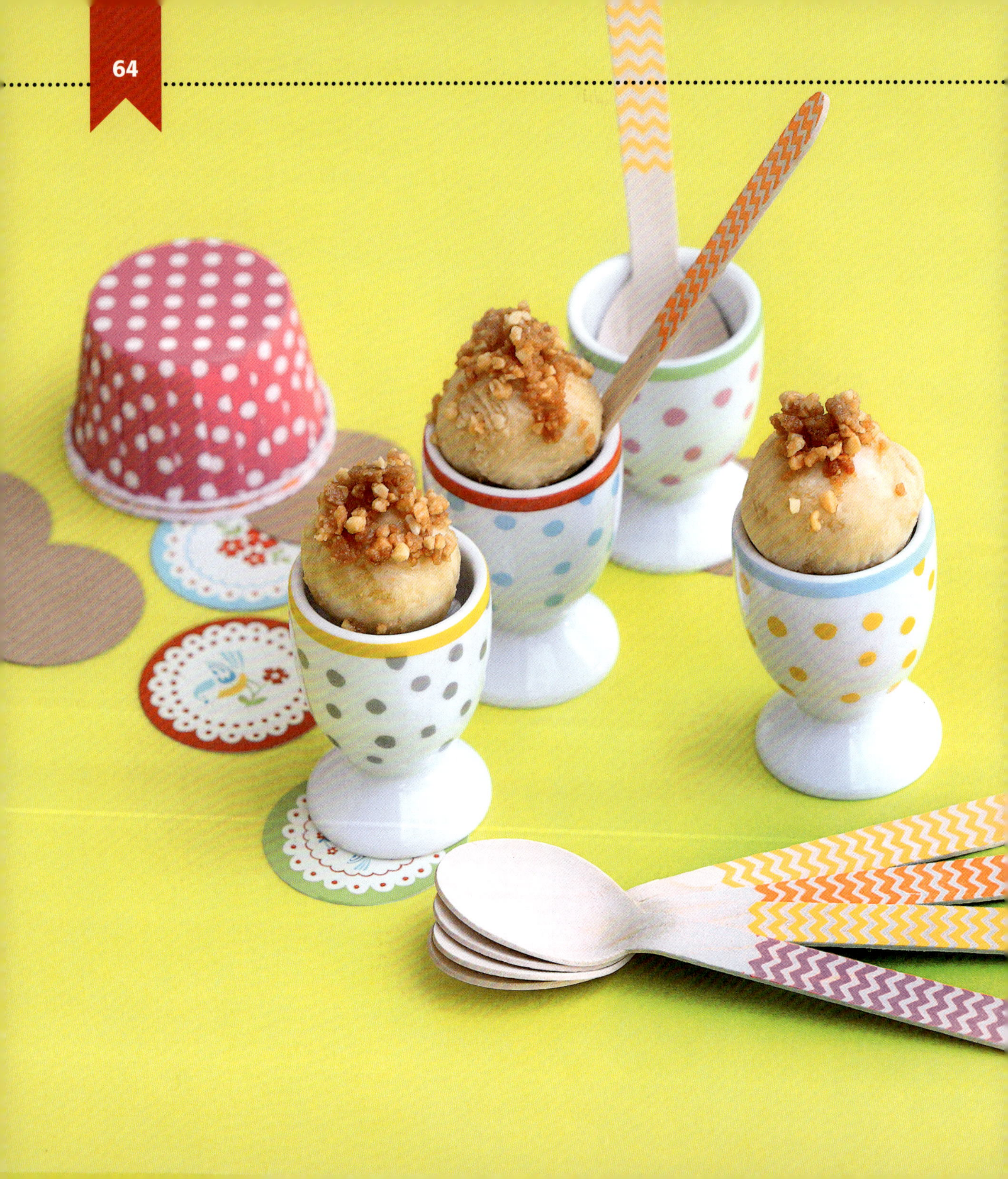

Mini-Hefekugeln
mit Mandelkruste

Zutaten

Für etwa 12 Stück

Für den Teig:
½ frischer Hefewürfel
(21 g oder 1 Pck. Trockenhefe)
1 EL Zucker
100 ml lauwarme Milch
250 g Mehl
1 Pck. Vanillezucker
1 kleines Ei
1 Prise Salz
1 EL zimmerwarme Butter

Für die Mandelkruste:
2 EL Butter
3 EL Zucker
100 g Mandelstifte

Außerdem:
Butter für die Förmchen
Mehl für die Arbeitsfläche
24 Muffin-Papiermanschetten

Zubereitungszeit: 60 Minuten
Backzeit: 20 Minuten
Ruhezeit: 50 Minuten

Diese leckeren kleinen »Dinger« auf einer Servierplatte anrichten und üppig mit Puderzucker bestäuben. Oder zusätzlich mit Honigfäden überziehen.

1 Hefe und Zucker mit der Milch verrühren und kurz ruhen lassen. Dann mit Mehl sowie Vanillezucker, dem Ei, 1 Prise Salz und der Butter zu einem glatten Teig kneten. Diesen mit einem Küchentuch abdecken und für etwa 30 Minuten ruhen lassen.

2 Je zwei Papiermanschetten ineinander setzen und mit Butter auspinseln. Für die Mandelkruste die Butter in einer Pfanne schmelzen und den Zucker einrühren. Diesen vollständig auflösen lassen, dann die Mandelstifte einrühren, 1 Minute weiterrühren. Im Anschluss die Pfanne vom Herd ziehen und vollständig abkühlen lassen.

3 Den Teig nach der Ruhezeit auf der bemehlten Arbeitsfläche durchkneten und in 12 Portionen teilen. Jede Teigportion zu einer Kugel formen, diese in ein Papierförmchen setzen und auf ein Backblech legen. Die Mini-Hefeteigkugeln etwa 20 Minuten ruhen lassen.

4 In der Zwischenzeit den Backofen auf 200 °C (Umluft 180 °C) vorheizen. Die Mandel-Zucker-Mischung mit einem Löffel auf den Hefeteigkugeln verteilen, das Blech in den Backofen schieben und etwa 20 Minuten backen.

Tipp Wer ein Muffinblech hat, kann die Teigportionen auch ganz einfach in die gefetteten Mulden setzen. Ansonsten klappt es auch wunderbar mit den ineinandergesteckten Papierförmchen.

Hefezöpfchen
mit Rosinen und Mandeln

Zutaten

Für 4 Stück (1 Backblech)

Für den Hefeteig:
500 g Mehl
½ frischer Hefewürfel (21 g)
¼ l lauwarme Milch
50 g Zucker
40 g zimmerwarme Butter
3 Eier
1 Prise Salz
50 g Rosinen mit 1 EL Rum
vermischt
50 g Mandelstifte oder -blättchen

Außerdem:
Butter für das Backblech
Mehl für die Arbeitsfläche
50 ml Milch
50 g Butter
2 EL Puderzucker
1 EL Zitronensaft

Zubereitungszeit: 40 Minuten
Backzeit: 25 Minuten
Ruhezeit: 1 Stunde

Als süßes Geschenk, die kleinen gebackenen Zöpfchen einzeln verpacken – damit ist man immer ein gern gesehener Gast. Die Rosinen machen den Teig saftiger und die Mandeln geben einen feinen Geschmack.

1 Das Mehl in eine Schüssel sieben, in der Mitte eine Mulde formen und die Hefe hineinbröckeln. Mit Milch begießen und mit Zucker bestreuen. Die Butter auf den Mehlrand setzen, die Schüssel mit einem Tuch abdecken und den Vorteig 30 Minuten gehen lassen.

2 Im Anschluss mit Eiern, Salz, Rum-Rosinen und Mandeln zu einem mittelfesten Teig kneten. Diesen abdecken und nochmals 30 Minuten ruhen lassen. Anschließend den Hefeteig in 12 Portionen teilen.

3 Den Backofen auf 180 °C (Umluft 160 °C) vorheizen und ein Backblech mit Butter einfetten. Jede Teigportion auf der bemehlten Arbeitsfläche zu einem Strang formen. Jeweils drei Teigstränge zu einem Zopf flechten, diesen auf das Backblech geben und mit der Handfläche leicht platt drücken. 50 ml Milch und 50 g Butter in einem Topf erwärmen.

4 Die Hefezöpfe mit der Milch-Butter-Mischung bestreichen und im Backofen etwa 25 Minuten backen. Herausnehmen und kurz abkühlen lassen. Dann den Puderzucker mit Zitronensaft verrühren und die Hefezöpfchen damit einstreichen.

Mandeltätzchen
mit Schokolade

Zutaten

Für 14–16 Stück

Für den Teig:
200 g Marzipan-Rohmasse
2 Eiweiß
100 g Zucker
1 Pck. Vanillezucker
50 g Mehl

Zum Bestreuen:
100 g Mandelblättchen

Zum Glasieren:
100 g dunkle Schokoladenglasur

Außerdem:
Backpapier für das Backblech
Spritzsack mit großer Tülle

Zubereitungszeit: 30 Minuten
Backzeit: 15 Minuten

Mandeln und Marzipan – ein klassische Kombination, die immer gut ankommt! In Form dieser handlichen Hörnchen klappt das besonders gut …

1 Die Marzipan-Rohmasse in kleine Würfel schneiden und in einer Schüssel mit dem Eiweiß vermengen. Mit den Knethaken eines elektrischen Handrührgerätes nach und nach Zucker, Vanillezucker und Mehl unterrühren. Es sollte eine cremige Masse entstanden sein, ohne Klümpchen im Marzipan.

2 Den Backofen auf 180 °C (Umluft 160 °C) vorheizen und ein Backblech mit Backpapier belegen. Den Marzipanteig in einen Spritzsack füllen und mit der großen Tülle Hörnchen auf das Backpapier spritzen. Die Mandelblättchen auf den Hörnchen verteilen und leicht andrücken.

3 Die Mandelhörnchen im Anschluss etwa 15 Minuten im vorgeheizten Backofen hellgelb backen. Dann herausnehmen und kurz abkühlen lassen. Die Glasur nach Packungsanweisung erwärmen, die Hörnchen jeweils an beiden Enden eintauchen und auf einem Backgitter vollständig trocknen lassen.

Tipp Ein Schuss Amaretto (Mandellikör) unter den Teig gemischt verleiht ihm zusätzlich einen unwiderstehlichen Duft.

Mini-Eggnog-Törtchen
mit Mandeln

Zutaten

Für 8 Förmchen à 100 ml

Für den Teig:
3 Eier, getrennt
150 g Mehl
150 g Puderzuckcr
1 Pck. Vanillezucker
½ TL Backpulver
150 ml Eierlikör
100 ml Pflanzenöl
50 g Mandelstifte

Außerdem:
Butter und Mehl für die Förmchen
Puderzucker zum Bestäuben

Zubereitungszeit: 30 Minuten
Backzeit: 25 Minuten

Zum Nachmittagskaffee sind diese Törtchen von Tante Erna wunderbar. Sie ließ sie allerdings in der Form und füllte sie zusätzlich mit etwas Eierlikör. Nicht nur zu Weihnachten ein köstlicher Genuss!

1 Den Backofen auf 180 °C (Umluft 160 °C) vorheizen und die Förmchen mit Butter einfetten und mit Mehl ausklopfen. Das Eiweiß zu steifem Schnee schlagen und bis zum Gebrauch in den Kühlschrank stellen.

2 Das Mehl mit Puderzucker, Vanillezucker und Backpulver mischen. Die Eigelbe zusammen mit Eierlikör sowie Pflanzenöl schrittweise unterziehen. Dabei mindestens 2–3 Minuten rühren. Zuletzt Mandelstifte sowie Eischnee unterheben.

3 Den Teig in die Förmchen füllen und knapp 30 Minuten im vorgeheizten Backofen backen, dabei die Stäbchenprobe machen (siehe Seite 11). Anschließend kurz abkühlen lassen und aus den Förmchen stürzen. Mit Puderzucker bestäuben.

Tipp 2 EL Eierlikör und 1 EL Puderzucker verrühren und die Minis vor dem Servieren damit bestreichen. Mandelstifte darüber gestreut geben einen zusätzlichen »Knuspereffekt«.

Mini-Haselnuss-Nugat-Cakes

vegan & verführerisch

Zutaten

Für 1 Mini-Muffin-Backblech mit 24 Mulden

Für den Teig:
200 g Mehl
60 g gemahlene Haselnüsse
9 g Backpulver
3 g Natron
1 Prise Salz
150 g Sojamilch
60 g Agavendicksaft oder Karamellsirup
110 g Zucker
60 g neutrales Pflanzenöl

Für die Füllung:
etwa 120 g veganes dunkles Nugat, gekühlt

Für das Topping:
40 g veganes Nugat
200 g aufschlagbare pflanzliche Sahne, gut gekühlt
20 g Puderzucker
2 Pck. Sahnesteif

Außerdem:
Muffin-Papiermanschetten
1 Spritzsack mit Sterntülle

Zubereitungszeit: 30 Minuten
Backzeit: 18 Minuten

Dieses köstliche vegane Rezept hat Melanie Schwarz, Inhaberin des veganen Cafés »good dEATs« in Potsdam, kreiert. In ihrem Café gehört es zu den absoluten Bestsellern – kein Wunder …

1 Das Muffinblech mit 24 Papiermanschetten auskleiden und den Backofen auf 160 °C Umluft vorheizen. Für die Füllung von der Nugatmasse 24 etwa haselnussgroße Kugeln abstechen, z. B. mit einem Melonenkugelausstecher oder einfach mit einem Teelöffel.

2 Für den Teig alle Zutaten mit einem elektrischen Handrührgerät oder mit der Küchenmaschine zu einem homogenen Teig verarbeiten; kleine Klümpchen stören dabei nicht. Den Teig mit einem Löffel in die vorbereiteten Förmchen geben, dabei die Formen zu etwas mehr als ¾ befüllen. Die Nugatkugeln auf den Teig setzen und 12–18 Minuten im vorgeheizten Ofen backen, bis die Muffins goldbraun sind.

3 In der Zwischenzeit das Topping zubereiten: Dazu die Nugatmasse bei sehr niedriger Hitze in einem kleinen Topf schmelzen lassen. Achtung, es sollte nicht wärmer als Körpertemperatur sein! Falls es zu heiß wird, einfach auf Handwärme herunterkühlen lassen.

4 Die Sahne zusammen mit dem Puderzucker und dem Sahnesteif aufschlagen, dazu ein elektrisches Handrührgerät oder eine Küchenmaschine verwenden. Zum Schluss das handwarme Nugat mithilfe eines Spatels unterheben – dabei nicht zu sehr schlagen, damit die Masse nicht ausflockt. In einen Spritzsack mit Sterntülle füllen, bis zum Gebrauch kalt stellen und als Topping für die Muffins verwenden.

Mini-Nussecken
vom Blech

Zutaten

Für 30 Stück (1 Backblech)

Für den Teig:
400 g Mehl
½ Pck. Backpulver
4 Eigelb
200 g Zucker
1 Pck. Vanillezucker
200 g zimmerwarme Butter

Für den Belag:
4 Eiweiß
150 g Zucker
200 g gemahlene Haselnüsse

Zum Glasieren:
200 g dunkle Schokoladenglasur

Außerdem:
Butter für das Backblech

Zubereitungszeit: 40 Minuten
Backzeit: 30 Minuten

Diese Nussecken mit ihrer Glasur aus Schokolade schmecken einfach jedem. Da sie lange haltbar sind, kann man sie für den Kaffeeklatsch ganz einfach vorbereiten. Es lebe die Tradition.

1 Das Mehl mit dem Backpulver in einer Schüssel vermischen. In einer zweiten Schüssel die Eigelbe mit Zucker, Vanillezucker sowie der Butter einige Minuten mit dem elektrischen Handrührgerät schaumig schlagen.

2 Den Backofen auf 180 °C (Umluft 160 °C) vorheizen und ein Backblech mit Butter einfetten. Die Schaummasse mit der Mehl-Backpulver-Mischung zu einem homogenen Teig kneten und diesen auf einer bemehlten Arbeitsfläche etwa 5 mm dick ausrollen, dann auf das Backblech legen.

3 Für den Belag das Eiweiß steif schlagen, dann Zucker und Haselnüsse unterrühren. Die Masse auf dem Teigboden verteilen und gleichmäßig verstreichen. Im Anschluss auf der untersten Schiene im vorgeheizten Backofen 25–30 Minuten backen, die Oberfläche muss komplett trocken sein.

4 Das Backblech aus dem Ofen nehmen und die gebackene Nussmasse in Ecken beliebiger Größe schneiden. Die Glasur nach Packungsanweisung erhitzen und die Ränder der Nussecken damit bestreichen. Die Nussecken zum Trocknen auf ein Backgitter legen.

Tipp In einer Keksdose aus Blech gelagert bleiben die Nussecken schön saftig.

Drittes Kapitel

Herzhaft & würzig

Schinken-Tartes
mit Tomaten-Mango

Zutaten

Für 10 Tartes-Förmchen à 100 ml

Für den Teig:
250 g Mehl
¼ TL Salz
100 g zimmerwarme Butter
1 Ei

Für die Füllung:
1 kleines Bund Koriander
150 g Tomaten
1 kleine süße Mango
(etwa 150 g Fruchtfleisch)
100 g Kochschinken
150 g Sahne
2 Eier
Salz
frisch gemahlener schwarzer
Pfeffer

Außerdem:
Butter für die Förmchen
Backpapier und Hülsenfrüchte zum
Blindbacken
Mehl für die Arbeitsfläche

Zubereitungszeit: 40 Minuten
Backzeit: 30 Minuten
Ruhezeit: 15 Minuten

Die Kombi aus Schinken und Frucht kennt man schon vom Toast Hawaii – aber diese unschlagbare Köstlichkeit mit Kochschinken, Tomate, Mango und Koriander lässt das Herz eines jeden Leckermauls höher schlagen.

1 Die Förmchen mit Butter einfetten und bereitstellen. Auf einer Arbeitsfläche aus Mehl, Salz, Butter, dem Ei sowie 3–4 EL Wasser einen Teig herstellen. Diesen dünn ausrollen und zu acht Kreisen ausschneiden, die etwas größer als die Förmchen sind, denn der Teig sollte bis zum Rand reichen. Die Förmchen damit auskleiden und den Teig andrücken, mehrmals kurz mit einer Gabel einstechen. Im Anschluss für etwa 15 Minuten in den Kühlschrank stellen.

2 Den Backofen auf 200 °C (Umluft 180 °C) vorheizen. Für die Füllung den Koriander waschen, trocken schütteln, die Blättchen abzupfen und fein hacken. Die Tomaten ebenfalls waschen, halbieren und in dünne Scheiben schneiden. Die Mango schälen, das Fruchtfleisch zuerst vom Kern und anschließend klein schneiden.

3 Die Förmchen aus dem Kühlschrank nehmen, dann zuerst mit Backpapier und danach mit Hülsenfrüchten belegen, und auf der untersten Schiene im vorgeheizten Backofen etwa 10 Minuten vorbacken. In der Zwischenzeit den Schinken in kleine Würfel schneiden. Die Sahne mit den Eiern verquirlen und mit Salz und Pfeffer würzen.

4 Die Förmchen aus dem Backofen nehmen, Hülsenfrüchte und Backpapier entfernen und die Teig-Böden kurz abkühlen lassen. Erst dann mit Tomatenscheiben, Mangostücken, Koriander und Schinkenwürfeln belegen. Mit Eier-Sahne-Mischung begießen und etwa 20 Minuten backen.

BACK MINIS

Thunfisch-Tartes
mit Mozzarella

Zutaten

Für 4 Tarte-Förmchen à 200 ml

Für den Teig:
150 g Mehl
50 g Parmesan, fein gerieben
1 TL Backpulver
1 Prise Salz
1 Ei
80 g weiche Butter,
in kleine Stücke geschnitten

Für die Füllung:
1 kleines Bund Basilikum
1 Dose Thunfisch im eigenen Saft
(Abtropfgewicht 130 g)
100 g Mozzarella
Salz
frisch gemahlener schwarzer
Pfeffer
2 Eier
100 g Sahne

Außerdem:
Butter für die Förmchen
Mehl für die Arbeitsfläche
Backpapier und Hülsenfrüchte
zum Blindbacken

Zubereitungszeit: 30 Minuten
Backzeit: 30 Minuten
Ruhezeit: 1 Stunde

Diese Mini-Tartes sind pikant-würzig im Geschmack und schmecken warm oder kalt. Besonders hübsch sieht es aus, wenn diese Tartes jeweils in vier Stücke geschnitten und auf einer Etagere präsentiert werden.

1 Das Mehl mit Parmesan, Backpulver und Salz auf eine Arbeitsfläche sieben. Zusammen mit dem Ei sowie den Butterstückchen einen Teig kneten. Diesen zu einer Kugel formen, in Klarsichtfolie hüllen und für 1 Stunde in den Kühlschrank stellen.

2 Für die Füllung das Basilikum waschen, trocken schütteln, die Blättchen abzupfen und in Streifen schneiden. Den Thunfisch abtropfen lassen und mit einer Gabel zerpflücken. Den Mozzarella in kleine Stücke schneiden. Basilikum, Thunfisch und Mozzarella vermengen und mit Salz und Pfeffer würzen. Die Eier mit der Sahne verquirlen.

3 Den Backofen auf 200 °C (Umluft 180 °C) vorheizen und die Förmchen mit Butter einfetten. Den Teig in 4 Portionen schneiden und jede Teigportion auf einer bemehlten Arbeitsfläche etwas ausrollen. Die Teigstücke in die Förmchen einpassen und andrücken, der Teig sollte bis an den Rand reichen. Dann zuerst mit Backpapier und danach mit Hülsenfrüchten belegen (siehe Seite 11) und auf der untersten Schiene im vorgeheizten Backofen etwa 10 Minuten vorbacken.

4 Die Förmchen aus dem Backofen nehmen, Hülsenfrüchte und Backpapier entfernen und die Teigböden kurz abkühlen lassen. Erst dann mit der Thunfisch-Füllung belegen und löffelweise mit der Sahne-Ei-Mischung überziehen. Etwa 20 Minuten im Backofen fertig backen.

Mini-Torten
mit Oliven-Schafskäse

Zutaten

Für 10 Tarte-Förmchen à 100 ml

Für den Teig:
200 g Mehl
½ frischer Hefewürfel
(21 g oder 1 Pck. Trockenhefe)
150 ml Milch, lauwarm
1 EL zimmerwarme Butter
1 kräftige Prise Salz

Für die Füllung:
4–5 Petersilienzweige
100 g grüne Oliven
200 g Schafskäse
100 g Sahne
2 Eier
frisch gemahlener schwarzer
Pfeffer

Außerdem:
Butter für die Förmchen
Mehl für die Arbeitsfläche

Zubereitungszeit: 1 Stunde
Backzeit: 25 Minuten
Ruhezeit: 30 Minuten

Pikant und leicht salzig – so schmecken die knusprigen ofenfrischen Törtchen, gefüllt mit grünen Oliven und Schafskäse. Vegetarisch gut, aber auch als Variation mit Speckwürfeln.

1 Das Mehl auf eine Arbeitsfläche sieben, eine Mulde formen, die Hefe hineinbröckeln und mit Milch begießen. Den Vorteig etwa 15 Minuten ruhen lassen. Anschließend mit Butter und Salz zu einem geschmeidigen Teig kneten. Abdecken und nochmals 15 Minuten ruhen lassen.

2 Die Petersilie waschen, trocken schütteln, die Blättchen abzupfen und fein hacken. Die Oliven entsteinen und klein schneiden. Den Schafskäse grob zerbröseln oder mit einer Gabel zerdrücken. Die Sahne mit den Eiern verquirlen und Petersilie, Oliven sowie den Schafskäse untermischen. Mit Pfeffer würzen. Den Backofen auf 220 °C (Umluft 200 °C) vorheizen und die Förmchen mit Butter einfetten.

3 Den Teig auf einer bemehlten Arbeitsfläche dünn ausrollen und zu zehn Kreisen ausschneiden, die etwas größer als die Förmchen sind, denn der Teig sollte bis zum Rand reichen. Die Förmchen damit auskleiden und den Teig andrücken. Die Füllung auf die Teigböden verteilen und etwa 25 Minuten auf der untersten Schiene des Backofens goldbraun backen.

Tipp Die Füllung wird nicht gesalzen, weil Oliven sowie Schafskäse sehr salzhaltig sind. Gegebenenfalls individuell würzen. Anstatt der grünen Oliven kann auch eine Mischung aus grünen und schwarzen Oliven verwendet werden.

Kleine Pilz-Törtchen
mit Käse

Zutaten

Für 8 Tarte-Förmchen à 100 ml

Für den Teig:
150 g Mehl
50 g Parmesan, fein gerieben
100 g zimmerwarme Butter
1 Ei

Für die Füllung:
300 g frische Pilze
(z. B. Pfifferlinge, Mischpilze, Champignons, Egerlinge, Steinpilze)
5–6 Petersilienzweige
1 kleine Zwiebel
1 TL Butter
Salz
frisch gemahlener schwarzer Pfeffer
1 Msp. edelsüßes Paprikapulver
150 g Sahne
2 Eigelb

Außerdem:
Butter für die Förmchen
Backpapier und Hülsenfrüchte zum Blindbacken
Mehl für die Arbeitsfläche

Zubereitungszeit: 40 Minuten
Backzeit: 30 Minuten
Ruhezeit: 1 Stunde

Pikante Törtchen im Käse-Teig gebacken und gefüllt mit frischen gebratenen Pilzen – da beißt nicht nur der Vegetarier gerne hinein!

1 Die Förmchen mit Butter einfetten und bereitstellen. Das Mehl sowie den Parmesan auf einer Arbeitsfläche mischen. Die Butter in kleinen Stücken zufügen und zusammen mit dem Ei sowie 1–2 EL Wasser einen Teig herstellen. Diesen dünn ausrollen, zu acht Kreisen ausschneiden die etwas größer als die Förmchen sind, denn der Teig sollte bis zum Rand reichen. Die Förmchen damit auskleiden und den Teig andrücken. Dann mit einer Gabel mehrmals einstechen und für 1 Stunde in den Kühlschrank stellen.

2 Für die Füllung in der Zwischenzeit die Pilze putzen und klein schneiden. Die Petersilie waschen, trocken schütteln, die Blättchen abzupfen und fein hacken. Die Zwiebel schälen, fein würfeln und in heißer Butter glasig dünsten. Die Pilze zugeben und solange braten, bis der Pilzsaft aufgesogen ist. Mit Salz, Pfeffer und Paprikapulver würzen. Zuletzt die Petersilie unterziehen und die Pilze abkühlen lassen. Den Backofen auf 200 °C (Umluft 180 °C) vorheizen.

3 Die Förmchen aus dem Kühlschrank nehmen, dann zuerst mit Backpapier und danach mit Hülsenfrüchten belegen, und auf der untersten Schiene im vorgeheizten Backofen 10–12 Minuten vorbacken.

4 Die Förmchen aus dem Backofen nehmen, Hülsenfrüchte und Backpapier entfernen und die Teigböden kurz abkühlen lassen.

5 Anschließend mit der Pilz-Mischung belegen. Die Sahne mit den Eigelben verquirlen, darüber verteilen und in 15–20 Minuten fertig backen.

kleine
Pfifferlings-
törtchen

Birnen-Schiffchen
mit Gorgonzola

Zutaten

Für 12 Schiffchen-Formen à 50 ml

Für den Teig:
200 g Mehl
100 g kalte Butter, in kleine Stücke geschnitten
1 kräftige Prise Salz
1 Ei

Für die Füllung:
150 g Gorgonzola
100 g Sahne
1 Ei
1 kleine süße Birne
frisch gemahlener schwarzer Pfeffer
Cayennepfeffer
50 g Walnüsse, gehackt

Außerdem:
Butter für die Förmchen
Mehl für die Arbeitsfläche
Backpapier und Hülsenfrüchte zum Blindbacken

Zubereitungszeit: 60 Minuten
Backzeit: 30 Minuten
Ruhezeit: 30 Minuten

Schon mal Törtchen in Schiffchen-Form gebacken? Knusprig, salzig der Teig und eine Füllung mit Käse, Birne und Nüssen. Die leicht scharfe Note durch den Cayennepfeffer setzt dem Ganzen noch das i-Tüpfelchen auf.

1 Das Mehl auf eine Arbeitsplatte sieben, die Butter hinzufügen und mit Salz sowie dem Ei rasch einen Teig kneten. Diesen in Klarsichtfolie hüllen und für 30 Minuten in den Kühlschrank stellen.

2 Für die Füllung den Gorgonzola zerkleinern. Die Sahne mit dem Ei verquirlen und den Käse untermischen. Die Birnen waschen, schälen, entkernen, in kleine Würfel schneiden und unter die Sahne-Mischung rühren. Mit Pfeffer und Cayennepfeffer würzen. Die Förmchen mit Butter einfetten und den Backofen auf 200 °C (Umluft 180 °C) vorheizen.

3 Den Teig auf einer bemehlten Arbeitsfläche so groß und dünn ausrollen, dass die komplette Teigfläche auf die Förmchen gelegt werden kann. Die einzelnen Förmchen ausschneiden und den Teig behutsam mit den Fingern in die Formen drücken, mehrmals kurz mit einer Gabel einstechen. Dann zuerst mit Backpapier und danach mit Hülsenfrüchten belegen, und auf der untersten Schiene im vorgeheizten Backofen etwa 10 Minuten vorbacken.

4 Die Förmchen aus dem Backofen nehmen, Hülsenfrüchte und Backpapier entfernen und die Teigböden kurz abkühlen lassen. Dann erst mit den gehackten Walnüssen bestreuen und mit der Sahne-Mischung füllen und etwa 20 Minuten im Backofen fertig backen.

Tipp Anstelle von Birnen können auch Äpfel verwendet werden.

Kleine Käse-Quark-Quiches
mit Kräutern

Zutaten

Für 8 Brioche-Förmchen à 100 ml

Für den Teig:
150 g Mehl
1 kräftige Prise Salz
¼ TL Backpulver
100 g Quark (20 % Fett i. Tr.)

Für die Füllung:
1 kleines Bund gemischte Kräuter
100 g Schafskäse
100 g Mozzarella
50 g Parmesan, gerieben
2 Eigelb
100 g Sahne
frisch gemahlener schwarzer Pfeffer
1 Msp. Cayennepfeffer

Außerdem:
1 EL Pflanzenöl für die Förmchen
Mehl für die Arbeitsfläche

Zubereitungszeit: 30 Minuten
Backzeit: 20 Minuten
Ruhezeit: 30 Minuten

Gebacken in welligen Brioche-Förmchen und mit Ihrem Lieblingskäse bestreut schmecken diese Törtchen mit ihrem köstlichen Guss besonders fein.

1 Das Mehl mit dem Salz auf eine Arbeitsfläche sieben. Dann zusammen mit Backpulver, Quark und 1–2 EL Wasser einen geschmeidigen Teig kneten. Diesen dünn ausrollen und zu acht Kreisen ausschneiden, die etwas größer als die Förmchen sind, denn der Teig sollte bis zum Rand reichen. Die Förmchen mit Pflanzenöl auspinseln, mit dem Teig auskleiden und den Teig andrücken, mehrmals kurz mit einer Gabel einstechen. Im Anschluss für 30 Minuten in den Kühlschrank stellen.

2 Die Kräuter waschen, trocken schütteln, die Blättchen abzupfen und fein hacken. Den Schafskäse sowie den Mozzarella in kleine Würfel schneiden und mit dem Parmesan vermischen. Den Backofen auf 200 °C (Umluft 180 °C) vorheizen.

3 Die Eigelbe mit der Sahne verquirlen und die Käsemischung sowie die Kräuter unterheben. Mit Pfeffer und Cayennepfeffer würzen. Die Förmchen aus dem Kühlschrank nehmen und die Masse auf die Teigböden verteilen. In den vorgeheizten Backofen schieben und etwa 20 Minuten goldgelb backen.

Tipp Diese Käse-Quiches noch heiß servieren, zusammen mit einem gemischten Salat. Genauso gut schmecken sie vollständig abgekühlt als leckerer Snack für unterwegs.

Kleine Flammküchlein
eckig oder rund

Zutaten

Für 12 Stück

Für den Teig:
250 g Mehl
1 EL Olivenöl
1 TL Salz

Für den Belag:
1 kleine Zwiebel
100 g geräucherter Schinkenspeck
100 g Schmand
(oder saure Sahne)
frisch gemahlener schwarzer
Pfeffer

Außerdem:
Mehl für die Arbeitsfläche
Backpapier für das Backblech

Zubereitungszeit: 40 Minuten
Backzeit: 10 Minuten
Ruhezeit: 30 Minuten

Der Flammkuchen wird immer mit dem Elsass verbunden. Sein dünner Teig besteht aus Mehl und Wasser und wird »weiß« gebacken. Ein bisschen Olivenöl dazu schadet nicht – oh là là …

1 Aus Mehl, 100 ml lauwarmem Wasser, Olivenöl und Salz einen geschmeidigen Teig kneten. Diesen mit einem Tuch abdecken und für etwa 30 Minuten ruhen lassen.

2 In der Zwischenzeit die Zwiebel schälen, halbieren und in kleine Würfel schneiden. Den Schinkenspeck ebenfalls klein würfeln. Den Backofen auf 220 °C (Umluft 200 °C) vorheizen und ein Backblech mit Backpapier belegen.

3 Den Teig dünn ausrollen und mithilfe einer Kaffeetasse oder einem runden Ausstecher Kreise von 7–8 cm Durchmesser ausstechen. Diese auf das mit Backpapier belegte Backblech geben und mit Schmand bestreichen. Die Zwiebel- und Schinkenwürfel darauf verteilen und alles mit Pfeffer würzen. Im Backofen etwa 10 Minuten knusprig backen.

Tipp Der im Rezept angegebene Belag entspricht dem Original eines Elsässer Flammkuchens. Ursprünglich entstand dieser »Brotkuchen«, um die Hitze der Flammen im Brotbackofen zu prüfen, bevor die Brotlaibe hineingeschoben werden konnten. Heutzutage wird auf einen Flammkuchen so ziemlich alles gepackt, wie beispielsweise saisonales Gemüse, Käse oder auch mal Ananas. Es gibt auch eine süße Variante des Flammkuchens – mit Äpfeln und Zimt oder Birnen und Rosinen.

Blätterteig-Törtchen
mit Feigen-Käse

Zutaten

Für 4 Förmchen à 100 ml

Für den Teig:
1 Rolle Blätterteig aus dem Kühlfach

Für die Füllung:
4 frische Feigen
1 Rosmarinzweig
1 Rolle Ziegenfrischkäse (100 g)
1 EL Honig
schwarzer Pfeffer, grob geschrotet

Außerdem:
Butter für die Förmchen

Zubereitungszeit: 30 Minuten
Backzeit: 20 Minuten

Ausgefallenes Aroma und dabei so einfach in der Zubereitung: Förmchen mit Blätterteig auskleiden und mit frischen Feigen und Ziegenkäse füllen. Überbacken. Fertig.

1 Den Backofen auf 200 °C (Umluft 180 °C) vorheizen und die Förmchen mit Butter einfetten. Den Blätterteig auf dem Pergamentpapier rollen und daraus Teigportionen in Größe der Förmchen ausschneiden. Die Förmchen damit auskleiden.

2 Die Feigen waschen und mit der Schale in dünne Scheiben schneiden. Den Rosmarin waschen und die Nadeln abzupfen. Dann die Feigenscheiben in den Förmchen verteilen und mit Rosmarinnadeln bestreuen. Den Ziegenfrischkäse ebenfalls in Scheiben schneiden und darauf verteilen. Mit Honig beträufeln und mit geschrotetem Pfeffer würzen.

3 Die Förmchen auf ein Backblech geben und etwa 20 in den vorgeheizten Backofen schieben, bis die Törtchen goldbraun gebacken sind. Herausnehmen und am besten noch warm genießen.

Tipp Tolle Kombi: Mit Thymian, rosa Pfefferbeeren und Cranberrys variieren.

Kleine »Hotdogs«
im Teigmantel

Zutaten

Für 12 Stück

Für den Teig:
300 g Mehl
¼ TL Salz
½ frischer Hefewürfel
(21 g oder 1 Pck. Trockenhefe)
5 EL saure Sahne
100 g zimmerwarme Butter

Für die Füllung:
½ kleines Bund Petersilie
200 g rohes Sauerkraut
5 EL saure Sahne
frisch gemahlener schwarzer Pfeffer
1 Msp. Cayennepfeffer
12 kleine Wiener Würstchen

Außerdem:
Mehl für die Arbeitsfläche
Butter für das Backblech
1 Eigelb zum Bestreichen

Zubereitungszeit: 50 Minuten
Backzeit: 25 Minuten
Ruhezeit: 1 Stunde

Selbst gebacken und von der Hand in den Mund: Herzhaft pikant durch Sauerkraut und Würstchen, knusprig ummantelt mit einem leckeren Hefeteig – so macht snacken Spaß!

1 Mehl und Salz auf einer Arbeitsfläche vermischen und in die Mitte eine Mulde drücken. Die Hefe hineinbröckeln und mit der sauren Sahne vermengen. Die Butter klein schneiden und auf den Mehlrand geben. Dann alles zu einem Teig verkneten, diesen in Klarsichtfolie hüllen und für 1 Stunde in den Kühlschrank stellen.

2 Für die Füllung die Petersilie waschen, trocken schütteln, die Blättchen abzupfen und hacken. Das rohe Sauerkraut ausdrücken, ebenfalls klein hacken und mit der Petersilie sowie der sauren Sahne verrühren. Die Mischung mit schwarzem Pfeffer und Cayennepfeffer würzen.

3 Den Backofen auf 200 °C (Umluft 180 °C) vorheizen und ein Backblech mit Butter einfetten. Den gekühlten Teig auf einer bemehlten Arbeitsfläche ausrollen und anschließend in 12 Rechtecke von etwa 12 x 10 cm schneiden. Das Sauerkraut auf den Teigstücken verteilen und jeweils ein Würstchen darauflegen. Die Teigränder einschlagen, fest aufrollen und die »Hot dogs« mit den Teigkanten nach unten auf das Backblech legen. Das Eigelb mit 1 EL Wasser verquirlen und die Teigränder gegebenenfalls damit bestreichen.

4 Die gefüllten Teigröllchen zusätzlich mit Eigelb bestreichen und im vorgeheizten Backofen etwa 25 Minuten knusprig backen.

Tipp Für Vegetarier nur Sauerkraut verwenden.

Empanadas
aus Chile

Zutaten

Für 24–26 Stück

Für den Teig:
500 g Mehl
1 frischer Hefewürfel
1 Prise Zucker
1 Prise Salz
2 EL Olivenöl

Für die Füllung:
4 Eier
50 g Rosinen
200 g schwarze Oliven
2 Zwiebeln
2 Knoblauchzehen
2 EL Pflanzenöl
300 g Rinderhackfleisch
1 EL Tomatenmark
150 ml Brühe
frisch gemahlener schwarzer Pfeffer
½ TL Chilipulver
1 TL Kreuzkümmelpulver

Außerdem:
Backpapier für das Backblech
Mehl für die Arbeitsfläche
2 Eigelb zum Bestreichen

Zubereitungszeit: 1 Stunde
Ruhezeit: 40 Minuten
Backzeit: 20 Minuten

Kleine gefüllte Teigtaschen, hergestellt aus Hefeteig und im Ofen knusprig gebacken. Die Füllung besteht aus Oliven, Rosinen, gekochten Eiern und Hackfleisch, kräftig gewürzt mit einer Prise »Südamerika«.

1 Das Mehl in eine Schüssel geben. Hefe und Zucker mit 250 ml lauwarmem Wasser verrühren und zum Mehl gießen. Abdecken und 20 Minuten ruhen lassen. Anschließend mit Salz und Olivenöl zu einem geschmeidigen Teig kneten. Nochmals 20 Minuten ruhen lassen. In der Zwischenzeit für die Füllung die Eier etwa 10 Minuten hart kochen. Dann schälen und in Achtel schneiden. Die Rosinen waschen und in einem Sieb abtropfen lassen. Die Oliven entkernen. Zwiebeln und Knoblauchzehen schälen und fein würfeln.

2 Das Pflanzenöl in einer Pfanne erhitzen und die Zwiebel- und Knoblauchwürfel darin glasig andünsten. Das Hackfleisch unterrühren und krümelig anbraten. Dann das Tomatenmark zugeben und kurz rösten. Mit Brühe ablöschen und solange dünsten, bis die Flüssigkeit verdampft ist. Dabei mit Salz, Pfeffer, Chili- und Kreuzkümmelpulver würzen. Zuletzt die Rosinen einrühren und auskühlen lassen.

3 Den Backofen auf 200 °C (Umluft 180 °C) vorheizen und ein Backblech mit Backpapier belegen. Den Teig auf einer bemehlten Arbeitsfläche dünn ausrollen und Kreise von 13–15 cm Durchmesser ausstechen. Eine Hälfte der Teigkreise mit der abgekühlten Hackfleischmasse, 2–3 Oliven sowie 1 Ei-Achtel belegen. Die Teigränder mit verquirltem Ei bestreichen, andere Teighälfte darüberklappen und fest zusammendrücken. Mit den Zinken einer Gabel ein Muster eindrücken. Die gefüllten Teigtäschchen auf das Backblech setzen und zusätzlich mit Eigelb bestreichen. Im vorgeheizten Backofen etwa 20 Minuten goldgelb backen.

Mini-Halbmonde
»Sambusak«

Zutaten

Für 12 Stück

Für den Teig:
50 g zimmerwarme Butter
50 ml Olivenöl
1 Ei
1 kräftige Prise Salz
250 g Mehl

Für die Füllung:
150 g Doppelrahmfrischkäse
1–2 EL Sahne (oder Milch)
Salz
frisch gemahlener schwarzer
Pfeffer
½ TL getrocknete Minze
1 Msp. Rosenpaprikapulver

Außerdem:
Mehl für die Arbeitsfläche
Butter für das Backblech
1 Eigelb zum Bestreichen
1 EL Sesamsamen zum Bestreuen

Zubereitungszeit: 45 Minuten
Backzeit: 25 Minuten

Einen so einfachen und zugleich hübsch anzusehenden Snack gibt es selten: Einfach den Teig ausschneiden, belegen, zu Halbmonden formen und im Ofen knusprig backen. Macht sich immer gut, egal ob im Büro oder auf der Picknickwiese.

1 Die Butter mit Olivenöl, Ei und 1 EL Wasser in eine Schüssel geben und mit den Knethaken des Handrührgeräts mischen. Dann nach und nach Salz und Mehl einrühren, bis ein geschmeidiger Teig entsteht.

2 Den Teig auf einer bemehlten Arbeitsfläche durchkneten, dann zu einer dicken Rolle von etwa 5 cm Länge formen. Diese quer in zwölf dünne Scheiben schneiden und jede davon zu Kreisen mit einem Durchmesser von etwa 8 cm ausrollen. Den Backofen auf 200 °C (Umluft 180 °C) vorheizen und ein Backblech mit Butter einfetten.

3 Für die Füllung den Doppelrahmfrischkäse mit Sahne oder Milch cremig rühren. Dann kräftig mit Salz, Pfeffer, Minze sowie Rosenpaprikapulver würzen. Jeweils 1 knappen TL Käsecreme auf eine Hälfte der Teigkreise streichen, die andere Hälfte darüberklappen. Das Eigelb mit 1 EL Wasser verquirlen, die Ränder damit bestreichen und anschließend fest zusammendrücken.

4 Die Teigmonde auf das Backblech legen, zusätzlich mit Eigelb bepinseln und mit Sesam bestreuen. Dann im vorgeheizten Backofen 20–25 Minuten goldgelb backen.

Mini-Pizzen
mit Karotten und Linsen

Zutaten

**Für 12 Mini-Pizzen
(2 Backbleche)**

Für den Teig:
500 g Mehl
½ frischer Hefewürfel
(21 g oder 1 Pck. Trockenhefe)
1 TL Zucker, 1 TL Salz
2 EL Olivenöl

Für den Belag:
1 Zwiebel
4 Knoblauchzehen
250 g Karotten
2 EL Olivenöl
200 g rote Linsen
1 EL Tomatenmark
½ l Instant-Gemüsebrühe
Salz, frisch gemahlener
schwarzer Pfeffer
gemahlener Kreuzkümmel
250 g Cherrytomaten
300 g Naturjoghurt
½ TL Currypulver

Außerdem:
1 EL Pflanzenöl für das Backblech
Mehl für die Arbeitsfläche

Zubereitungszeit: 40 Minuten
Backzeit: 15 Minuten
Ruhezeit: 1 Stunde

Eine Pizza auf orientalisch? Mit einem Hauch Kreuzkümmel sind diese Hefeteigfladen köstlich gewürzt und mit Curry-Joghurt cremig überbacken.

1 Das Mehl in eine Schüssel sieben, eine Mulde formen und die Hefe hineinbröckeln. Mit Zucker bestreuen und mit 200 ml lauwarmem Wasser begießen. Dann mit einem Tuch abdecken und 15 Minuten ruhen lassen. Den Vorteig mit Salz und Olivenöl zu einem geschmeidigen Teig kneten und abgedeckt weitere 30 Minuten ruhen lassen.

2 In der Zwischenzeit die Zwiebel sowie die Knoblauchzehen schälen und fein würfeln. Die Karotten waschen, schälen und in Scheiben schneiden. Das Olivenöl in einer Pfanne erhitzen und die Zwiebel- und Knoblauchwürfel andünsten. Dann Linsen sowie Karottenscheiben 2–3 Minuten mitdünsten. Tomatenmark hinzugeben, kurz anrösten und die Gemüsebrühe aufgießen.

3 Das Gemüse bei mittlerer Hitze etwa 15 Minuten garen, bis die Flüssigkeit fast aufgesogen ist. Mit Salz, Pfeffer und Kreuzkümmel würzen, anschließend leicht abkühlen lassen. Die Cherrytomaten waschen und vierteln. Den Naturjoghurt mit Currypulver verrühren.

4 Den Backofen auf 220 °C (Umluft 200 °C) vorheizen und ein Backblech einfetten. Den Teig nochmals auf einer bemehlten Arbeitsfläche kneten und in 12 Portionen teilen. 12 kleine Fladen ausrollen und auf das Backblech legen, weitere 15 Minuten ruhen lassen.

5 Die Teigfladen breitflächig mit der Linsen-Karotten-Mischung belegen. Darauf die Cherrytomaten verteilen und alles mit Curry-Joghurt überziehen, 12–15 Minuten backen.

Mini-Calzone
mit Gemüse

Zutaten

Für 12 Stück

Für den Teig:
250 g Mehl
⅓ frischer Hefewürfel
(etwa 15 g)
1 Prise Zucker
2 Eigelb
200 g kalte Butter, in kleine Stücke
geschnitten

Für die Füllung:
150 g Tomaten
150 g Zucchini
2 Knoblauchzehen
2 EL Olivenöl
½ TL getrocknete italienische
Kräuter
Salz
frisch gemahlener schwarzer
Pfeffer
50 g geriebener Grana Padano

Außerdem:
Mehl für die Arbeitsfläche
Pflanzenöl für das Backblech
1 Eigelb zum Bestreichen

Zubereitungszeit: 60 Minuten
Backzeit: 20 Minuten
Ruhezeit: 1 Stunde

Diese kleinen Pizza-Taschen sind sehr gut vorzubereiten, hübsch zu präsentieren und easy zu transportieren. Besonderer Pluspunkt: Sie schmecken auch noch ein, zwei Tage später – wenn denn etwas übrig bleibt.

1 Das Mehl auf eine Arbeitsfläche sieben, eine Mulde formen und die Hefe sowie den Zucker hineingeben. Dann rasch mit Eigelben und Butterstücken zu einem glatten Teig kneten. Diesen zu einer Kugel formen, in Klarsichtfolie hüllen und für 1 Stunde in den Kühlschrank stellen.

2 Die Tomaten blanchieren, häuten, entkernen und in kleine Würfel schneiden. Die Zucchini waschen, Stielenden entfernen und ebenfalls klein schneiden. Die Knoblauchzehen schälen, fein würfeln und in heißem Olivenöl glasig dünsten. Tomatenwürfel und Zucchinistücke hinzufügen, einige Minuten dünsten und dabei mit getrockneten Kräutern, Salz und Pfeffer würzen. Die Pfanne vom Herd ziehen und die Gemüsemischung abkühlen lassen.

3 Den Backofen auf 200 °C (Umluft 180 °C) vorheizen und ein Backblech mit Pflanzenöl einfetten. Den Teig auf einer bemehlten Arbeitsfläche dünn ausrollen und in zwölf Rechtecke oder Kreise schneiden. Die Gemüsemischung mit dem Käse vermengen und jeweils mittig auf die Teigportionen verteilen und zu Dreiecken zusammenklappen Das Eigelb mit 1 EL Wasser verquirlen und die Teigränder damit einstreichen und fest andrücken.

4 Die gefüllten Teig-Dreiecke auf das Backblech legen und zusätzlich mit Ei bestreichen. Im vorgeheizten Backofen 15–20 Minuten goldgelb und knusprig backen.

Tomaten-Muffins
mit Käse

Zutaten

**Für 12 Silikon-Muffinförmchen
à 100 ml**

Für den Teig:
250 g aromatische Tomaten
1 kleines Bund Oregano
1 Packung Mozzarella (125 g)
Salz
frisch gemahlener schwarzer
Pfeffer
1 TL getrocknete italienische
Kräuter
250 g Mehl
½ Pck. Backpulver
2 Eier
1 EL Olivenöl
250 ml Milch
1 Prise Kräutersalz
1 Msp. Cayennepfeffer
1 Msp. getrocknetes Basilikum
1 Msp. gemahlener Knoblauch

Außerdem:
1 EL flüssige Butter
für die Förmchen

Zubereitungszeit: 30 Minuten
Backzeit: 30 Minuten

Die fertig gebackenen »kleinen Italiener« aus den Förmchen nehmen und in Muffin-Papiermanschetten servieren. Das sieht zum einen hübsch aus und sorgt für saubere Finger beim Verzehr.

1 Den Backofen auf 200 °C (Umluft 180 °C) vorheizen und die Förmchen mit Butter einfetten. Die Tomaten waschen und in kleine Würfel schneiden. Den Oregano ebenfalls waschen, trocken schütteln und die Blättchen fein hacken.

2 Den Mozzarella in kleine Würfel schneiden. Tomaten, Mozzarella und Oregano vermengen und kräftig mit Salz, Pfeffer und getrockneten Kräutern würzen. Das Mehl mit dem Backpulver in einer Schüssel vermischen. Mit einem elektrischen Handrührgerät Eier, Olivenöl sowie Milch unterrühren. Kräftig mit Kräutersalz, schwarzem Pfeffer und Cayennepfeffer würzen. Zuletzt Basilikum, Knoblauch und die Tomaten-Mozzarella-Mischung unterrühren.

3 Den Teig bis zu zwei Dritteln Höhe in die Förmchen füllen und diese auf ein Backblech geben. Im vorgeheizten Backofen 25–30 Minuten backen. Dann das Backblech aus dem Ofen nehmen, die Muffins kurz abkühlen lassen, dann aus den Silikon-Förmchen nehmen und im Anschluss 2–3 Stunden vollständig auskühlen lassen.

Tipp Falls keine Silikonförmchen vorhanden sind, einfach jeweils zwei Papierförmchen für Muffins ineinanderstecken, mit Butter ausstreichen und den Teig einfüllen. Ein Muffinblech ist nicht nötig.

Mini-Brioches
buttrig weich

Zutaten

Für 12 Brioche-Förmchen à 100 ml

Für den Teig:
300 g Mehl
½ frischer Hefewürfel
(21 g oder 1 Pck. Trockenhefe)
1 EL Zucker
5 EL Milch, lauwarm
125 g Butter, geschmolzen
2 Eier
¼ TL Salz

Außerdem:
Butter für die Förmchen
1 Eigelb zum Bestreichen

Zubereitungszeit: 40 Minuten
Backzeit: 20 Minuten
Ruhezeit: 1 Stunde

Was wären die »kleinen Franzosen« ohne den himmlischen Zusatz von Butter? Frisch gebacken schmecken sie ganz pur einfach herrlich …

1 Das Mehl in eine Schüssel sieben, in der Mitte eine Mulde formen, die Hefe hineinbröckeln, und den Zucker aufstreuen. Dann die Milch darübergießen. Mit Mehl vom Rand bestäuben, mit einem Tuch abdecken und etwa 30 Minuten ruhen lassen.

2 Anschließend Butter, Eier sowie das Salz zum Vorteig geben und daraus einen geschmeidigen Teig kneten. Diesen mit einem Tuch abdecken und nochmals 30 Minuten gehen lassen.

3 In der Zwischenzeit die Förmchen mit Butter einfetten und den Backofen auf 200 °C (Umluft 180 °C) vorheizen. Den Teig dann in 12 Portionen teilen und jede Portion mit den Fingern so in die Förmchen eindrehen, dass zwei aneinanderhängende Kugeln entstehen. Das Eigelb leicht verquirlen und die Teigportionen damit bestreichen.

4 Die Förmchen in den vorgeheizten Backofen geben und die Mini-Brioches etwa 20 Minuten backen. Anschließend kurz abkühlen lassen und aus den Förmchen nehmen.

Tipp Falls keine Brioche-Förmchen zur Verfügung stehen, können auch ein Muffinblech oder einfache Papiermanschetten verwendet werden.

Dazu genießt man am besten: kaltes Artischockenpüree, Tapenade von schwarzen Oliven, Schinkenquark oder Schinkenbutter, Kräutersauce zum Dippen, grünes oder rotes Pesto …

Mini-Kräcker
mit Wasabi-Mayo

Zutaten

**Für 40 Stück
(1 knappes Backblech)**

Für den Teig:
150 g mittelfeine Haferflocken
150 g Weizenflocken
100 g ungeschälte Sesamsamen
grobes Meersalz

Für die Wasabi-Mayo:
2 kleine Eigelb
1 EL Wasabi-Paste aus der Tube
200 ml Pflanzenöl
1 EL frischer Koriander, gehackt
(nach Wunsch)
Salz
frisch gemahlener schwarzer
Pfeffer

Außerdem:
1 TL Olivenöl für das Backblech

Zubereitungszeit: 20 Minuten
Backzeit: 50 Minuten
Quellzeit: 1 Stunde

Knusprig und mit Meersalz gewürzt passen diese kleinen Kräcker gut zu den verschiedensten Gelegenheiten. Ob mit meerrettichscharfem Dip – oder ohne.

1 Hafer- und Weizenflocken in einer Schüssel vermischen und mit 400 ml lauwarmem Wasser begießen. Mit einem Küchentuch abdecken und 1 Stunde quellen lassen.

2 In der Zwischenzeit für die Wasabi-Mayo mit einem elektrischen Handrührgerät die Eigelbe gründlich mit der Wasabi-Paste vermengen und nach und nach langsam das Pflanzenöl unterziehen. Es sollte dabei eine homogene Mayonnaise entstehen. Nach Belieben gehackten Koriander untermischen und alles mit Salz und Pfeffer würzen. Dann mit Frischhaltefolie abdecken und bis zum Gebrauch in den Kühlschrank stellen.

3 Den Backofen auf 180 °C (Umluft 160 °C) vorheizen und ein Backblech mit Olivenöl einfetten. Die Sesamsamen sowie das Meersalz unter die gequollenen Hafer-Weizenflocken mischen. Den Schüsselinhalt auf dem Backblech verteilen und dünn verstreichen.

4 Das Backblech in den vorgeheizten Backofen schieben und die Kräcker etwa 50 Minuten knusprig backen. Nach etwa 15 Minuten das Backblech aus dem Ofen nehmen und mit einem scharfen Messer Streifen von etwa 5 x 2 cm ein- aber nicht durchschneiden.

5 Die gebackenen Kräcker auf dem Backblech abkühlen lassen. Dann auf eine Arbeitsplatte geben und mit dem Messer die angeschnittenen Stücke durchschneiden und mit der Mayo servieren.

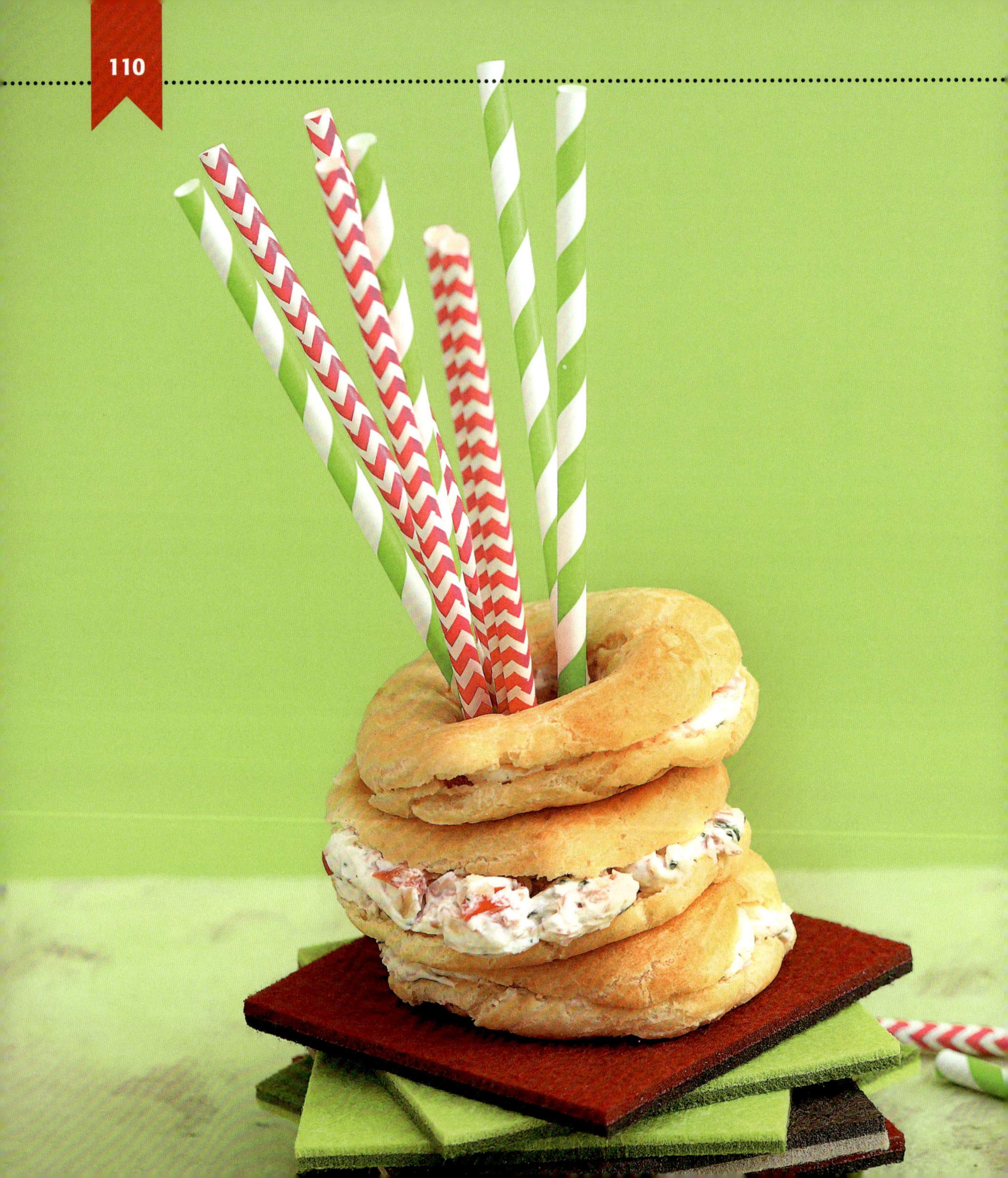

Brandteig-Ringe
mit Ricottacreme

Zutaten

Für 12 Stück (1 Backblech)

Für den Brandteig:
70 g Butter
1 Prise Salz
200 g Mehl
4 Eier

Für die Füllung:
150 g Kochschinken
1 kleines Bund Basilikum
100 g Cherrytomaten
150 g Ricotta
Salz
frisch gemahlener schwarzer Pfeffer

Außerdem:
Backpapier für das Backblech
1 Spritzbeutel

Zubereitungszeit: 40 Minuten
Backzeit: 25 Minuten

Dies ist mal eine erfrischend andere Variante zu den gut bekannten Bagels. Dieser Teig ist luftiger und nicht so kompakt – also ein echtes »Leichtgewicht« und schmeckt mit seiner würzigen Ricottafüllung herrlich pikant.

1 Den Backofen auf 220 °C (Umluft 200 °C) vorheizen und ein Backblech mit Backpapier belegen. In einem breiten Topf 250 ml Wasser, Butter und Salz aufkochen. Das Mehl rasch in einem Schritt zugeben und mit einem Holzlöffel so lange rühren, bis sich am Topfboden eine weißliche Schicht und ein Teigkloß bildet.

2 Den Teigkloß in eine Schüssel geben und abkühlen lassen. Dann nach und nach einzeln die Eier unterrühren.

3 Den Brandteig in einen Spritzbeutel füllen und als Ringe auf das Backpapier spritzen. Das Backblech in den vorgeheizten Backofen schieben und die Teigringe etwa 25 Minuten goldgelb backen. Dann aus dem Ofen nehmen, abkühlen lassen und quer durchschneiden.

4 In der Zwischenzeit den Schinken in feine Würfel schneiden. Das Basilikum waschen, die Blättchen abzupfen und klein schneiden. Die Cherrytomaten ebenfalls waschen und klein würfeln. Alle vorbereiteten Zutaten mit dem Ricotta verrühren und kräftig mit Salz und Pfeffer würzen. Die Unterseiten der halbierten Ringe mit der Ricottacreme bestreichen und die anderen Hälften als »Deckel« auflegen.

Minze-Hackfleisch-Goodies
mit Chili

Zutaten

Für 24 Stück (2 Backbleche)

Für die Füllung:

1 Zwiebel
2 Knoblauchzehen
1 kleines Bund Minze
2 EL Pflanzenöl
250 g gemischtes Hackfleisch
1 EL Tomatenmark
5 EL Rotwein (oder Brühe)
Salz
frisch gemahlener schwarzer Pfeffer
1 Prise Chiligewürz
100 g saure Sahne

Für den Teig:

450 g TK-Blätterteig, aufgetaut (6 Scheiben)

Außerdem:

Backpapier für das Backblech
Mehl für die Arbeitsfläche
1 Eigelb zum Bestreichen

Zubereitungszeit: 50 Minuten
Backzeit: 20 Minuten

Diese würzig gefüllten Blätterteigportiönchen schmecken heiß, warm und kalt genossen hervorragend. Sie eignen sich zum Aperitif und sind, gut verpackt, ideal zum Mitnehmen – wohin auch immer.

1 Zwiebel sowie Knoblauchzehen schälen und in kleine Würfel schneiden. Die Minze waschen, trocken schütteln, die Blättchen abzupfen und fein hacken. Das Pflanzenöl in einer Pfanne erhitzen und die Zwiebel- und Knoblauchwürfel 2–3 Minuten darin andünsten.

2 Das Hackfleisch zugeben und unter Rühren krümelig anbraten. Dann das Tomatenmark hinzufügen, kurz rösten und Rotwein oder Brühe angießen. Die Mischung mit Salz, Pfeffer und Chiligewürz abschmecken, etwa 5 Minuten bei geringer Hitze weiter garen und im Anschluss kurz abkühlen lassen. Zuletzt Minze und saure Sahne unterrühren.

3 In der Zwischenzeit den Backofen auf 220 °C (Umluft 200 °C) vorheizen und ein Backblech mit Backpapier belegen. Die Blätterteigscheiben einzeln auf einer bemehlten Arbeitsfläche leicht ausrollen und jeweils in vier Stücke schneiden. Diese mittig mit etwas Hackfleischfüllung belegen und aufrollen.

4 Die Blätterteig-Rollen auf das Backblech legen. Das Eigelb mit 2 EL kaltem Wasser verquirlen und die »Goodies« damit bestreichen. Im Backofen etwa 20 Minuten goldgelb und knusprig backen.

Mini-Kipferl
mit Räucherfisch und Sauerkraut

Zutaten

Für 12–16 Stück

Für die Füllung:
200 g geräuchertes Fischfilet ohne Haut (z. B. Lachs, Aal, Forelle)
100 g Sauerkraut, gekocht
1 Eigelb
100 g saure Sahne
1 EL Sahnemeerrettich (oder frisch geriebener Meerrettich)
frisch gemahlener schwarzer Pfeffer
Cayennepfeffer

Für den Teig:
300 g TK-Blätterteig, aufgetaut

Außerdem:
Backpapier für das Backblech
Mehl für die Arbeitsfläche
1 Eigelb und 1 TL flüssige Butter zum Bestreichen

Zubereitungszeit: 40 Minuten
Backzeit: 12 Minuten

Rechtzeitig vorbereitet schmecken diese gebackenen und gefüllten Blätterteigkipferl auch noch kalt am nächsten Tag. Ein lecker-deftiger Beitrag für Picknick und Co.

1 Die Fischfilets in sehr kleine Würfel schneiden und mit Sauerkraut, Eigelb, saurer Sahne sowie Meerrettich vermengen. Die Mischung mit Pfeffer und Cayennepfeffer würzen.

2 Die Blätterteigscheiben dünn auf einer bemehlten Arbeitsfläche ausrollen und in Dreiecke von etwa 10 cm Seitenlänge schneiden. Den Backofen auf 200 °C (Umluft 180 °C) vorheizen und ein Backblech mit Backpapier belegen. Dieses dünn mit Butter bestreichen.

3 Jedes Teigdreieck mittig mit 1 gehäuften TL Fisch-Sauerkraut-Masse belegen. Dann von der langen zur spitzen Seite hin aufrollen. Die gefüllten Blätterteigecken auf das Backblech legen und mit einer Mischung aus Eigelb und der restlichen Butter bestreichen. Das Blech in den vorgeheizten Backofen schieben und die Kipferl etwa 12 Minuten goldgelb backen.

Tipp Servieren Sie die Kipferl doch auch mal als Beilage zu einem frischen Salat – es muss nicht immer Brot sein!

Mini-Knusper-Täschchen
mit Krabben

Für 10–12 Stück

Für die Füllung:
200 g Nordseekrabben, gepult
1 EL Zitronensaft
3–4 Dillstängel
100 g Kräuter-Crème-fraîche
Salz
frisch gemahlener schwarzer
Pfeffer

Für den Teig:
4 Blätter Filoteig
(aus dem Kühlregal)
50–80 g Butter, flüssig

Außerdem:
Backpapier für das Backblech

Zubereitungszeit: 20 Minuten
Backzeit: 20 Minuten

Was für die Griechen der Filoteig ist, ist für die Türken der Yufkateig – in jedem Fall ein feinblättriger Teig, der durch übereinandergeschichtete Lagen beim Backen knusprig-blättrig aufgeht. Dieser Teig besteht im Gegensatz zu Blätterteig nur aus Wasser, Mehl und Salz.

1 Die Nordseekrabben waschen, mit Küchenkrepp trocken tupfen und mit Zitronensaft vermengen. Den Dill waschen, von den Stängeln zupfen und klein hacken. Kräuter-Crème-fraîche mit Dill und Krabben vermengen und mit Salz und Pfeffer würzen.

2 Den Backofen auf 200 °C (Umluft 180 °C) vorheizen und ein Backblech mit Backpapier belegen. Die Filoteigblätter einzeln auf einer Arbeitsfläche ausbreiten, mit Butter bepinseln und übereinanderlegen. Dann in 10–12 Quadrate schneiden und jeweils mittig etwas Krabben-Crème-fraîche aufstreichen. Die Teigränder nach oben ziehen und zu einem Säckchen verschließen.

3 Die Filotäschchen auf das Backblech geben und üppig mit Butter bepinseln. In den vorgeheizten Backofen geben und etwa 20 Minuten knusprig goldbraun backen.

Tipp Filoteig kann man gefroren oder gekühlt kaufen, in unterschiedlichen Größen. Am besten eignet sich für diese Täschchen ein Teig-Quadrat mit den Maßen 13 x 15 cm. Zum Füllen kann man auch Hackfleisch, Tofu, Gemüse oder Käse verwenden.

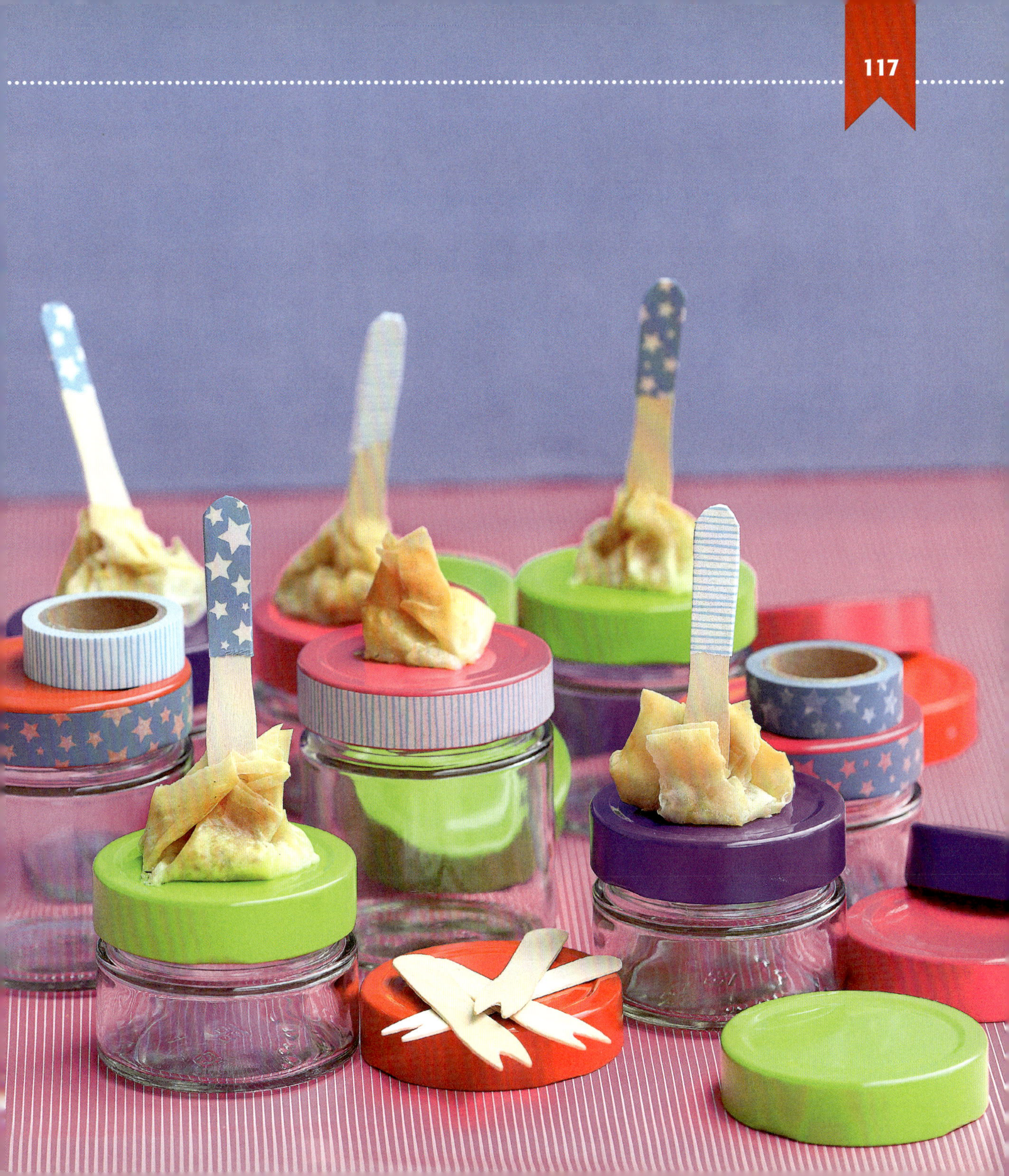

Viertes Kapitel

Menü-
vorschläge

Die Models-Parade zum Aussuchen – für jede Gelegenheit

Die süßen Kleinen sowie die pikanten Häppchen beeindrucken durch ihre Vielfältigkeit in Optik, Präsentation und Geschmack. Welche Zubereitungsform sich für die Kaffeetafel eignet, zum Transportieren »to go« und welche auch mal beim Spieleabend einfach aus der Hand zu essen sind, dafür sind folgende Vorschläge zu empfehlen. Ein süßes und pikantes Rezept aussuchen – oder gleich alles für das geplante Picknick, den Geburtstag im Büro oder für die Mädels beim Treff backen.

Picknick, Ausflug oder fürs Büro – einfach einpacken

Mini-Halbmonde »Sambusak« (S. 99)

Empanadas aus Chile (S. 97)

Hefezöpfchen mit Rosinen und Mandeln (S. 67)

Tomaten-Muffins mit Käse (S. 105)

Banana-Muffins mit Mango (S. 28)

Kleine Pastelitos mit Quittengelee (S. 16)

Feines für den Brunch

Kleine Pilz-Törtchen mit Käse (S. 84)

Mini-Torten mit Oliven-Schafskäse (S. 83)

Blätterteig-Törtchen mit Feigen-Käse (S. 92)

Mini-Tartelettes mit Papaya (S. 35)

Mini-Windbeutel mit Mangosahne (S. 32)

Lauwarme Mini-Küchlein mit Schokolade (S. 55)

Fingerfood für Partys und Kaffeeklatsch

Birnen-Schiffchen mit Gorgonzola (S. 87)

Mini-Kräcker mit Wasabi-Mayo (S. 109)

Brandteig-Ringe mit Ricottacreme (S. 111)

Birnen-Muffins mit Walnüssen (S. 26)

Ingwer-Birnen-Törtchen mit Salzkaramell (S. 25)

Karottenkuchen aus Blumentöpfchen (S. 22)

Freundinnen verwöhnen »Mädelstreff«

Schinken-Tartes mit Tomaten-Mango (S. 78)

Thunfisch-Tartes mit Mozzarella (S. 81)

Mini-Pizzen mit Karotten und Linsen (S. 100)

Mini-Clafoutis mit Zwetschgen (S. 37)

Gebackener Cappuccino mit Mokkaschokolade (S. 57)

Küchlein im Glas »Gefleckte Kuh« (S. 52)

Kindergeburtstag

Kleine »Hotdogs« im Teigmantel
(S. 95)

Minze-Hackfleisch-Goodies mit Chili (S. 113)

Mini-Calzone mit Gemüse
(S. 102)

Walnuss-Schoko-Cookies
(S. 60)

Mini-Kuchen mit Bananen
(S. 31)

Himbeerherzen am Stiel mit Kokos (S. 40)

Zum aus der Hand essen – am Kartentisch oder für den Spieleabend

**Kleine Flammküchlein –
eckig oder rund** (S. 90)

**Mini-Knusper-Täschchen mit
Krabben** (S. 116)

**Mini-Kipferl mit Räucherfisch
und Sauerkraut** (S. 114)

**Schoko-Mandel-Kugeln
»aufgespießt«** (S. 62)

Mini-Nussecken vom Blech
(S. 75)

**Mini-Walnuss-Brownies mit
Kürbis** (S. 20)

Über die Autorin

Seit 1988 arbeitet **Rose Marie Donhauser** als Food- und Reise-journalistin, Restauranttesterin und sehr erfolgreiche Kochbuchautorin. Sie hat weit über 160 Kochbücher veröffentlicht, von denen viele aus-gezeichnet wurden, beispielsweise mit dem Gourmand World Cook-book Award, dem Französischen Kochbuchpreis, Kochbuch des Mo-nats (ZDF), der Silbermedaille der Gastronomischen Akademie Deutschlands oder den Schweizer Goldlorbeeren. Die gelernte Köchin ist dem Genuss ständig auf der Spur. Für die Back-Minis hat sie Stunden und Tage vor dem Backofen verbracht und Freunde, Bekannte, Nachbarn mit kleinen Köstlichkeiten versorgt.

Über das Fototeam

Peter Raider kam über Umwege zur Fotografie. Beim Klettern in den Alpen lernte er einen bekannten Schweizer Fotografen kennen, der ihn umgehend als Assistenten anheuerte.
Seit 1994 als selbstständiger Fotograf arbeitend fokussierte Peter Raider sein Augenmerk zunächst auf Mode und People, bevor er seine Liebe für Still-life-Fotografie entdeckte, hauptsäch-lich im Bereich Food, Wohnen & Deko, Gesundheit sowie Flowers & Garden. Peter Raider arbeitet für diverse Zeitschriften dieser Genres. In Zusammenarbeit mit bekannten Köchen entstanden in den letzten Jahren diverse Buchprojekte im Bereich Food.
Mit viel Liebe zum Detail – aber ohne die Gesamtkomposition zu vernachlässigen – ist Peter Raiders Stil von Lebendigkeit und Natürlichkeit geprägt, von erfrischender Direktheit und ohne Allüren.

Danksagung

Wir danken den nachfolgenden Firmen für die Unterstützung beim Fotoshooting:

STÄDTER®
Die bunte Welt des Backens

Monika Noderer ist gelernte Floristin und hat sich 2010 mit ihrem Blumen-Hof einen Traum erfüllt. Da sie sich vor allem auf Hochzeits- und Event-Deko spezialisiert hat und ihr Hof ihr die nötige Flexibilität lässt, kann sie sich ihrer zweiten Leidenschaft im Bereich Food und Deko widmen. Sie stylt für namhafte Bücher und Magazine. Ihre liebevollen Arrangements erkennt man an der Natürlichkeit und der Liebe zum Detail.

Rezeptverzeichnis

Impressum

Bibliografische Information der Deutschen Nationalbibliothek
Die Deutsche Nationalbibliothek verzeichnet diese Publikation in
der Deutschen Nationalbibliografie; detaillierte bibliografische
Daten sind im Internet über http://dnb.d-nb.de abrufbar.

BLV Buchverlag
GmbH & Co. KG
80797 München

© 2015 BLV Buchverlag GmbH & Co. KG, München

www.facebook.com/blvVerlag

Bildnachweis
Alle Fotos: Peter Raider
Styling: Monika Noderer
Foodstyling: Tanja Timme
Grafik Vögelchen: Gizele – fotolia.com

Umschlagfotos: Peter Raider

Lektorat: Sarah Weiß, Julia Bauer (Redaktionsbüro Küchenzeile,
Berlin)
Herstellung: Angelika Tröger
Layoutkonzept Innenteil und DTP: Dorothee Griesbeck,
griesbeckdesign

Gedruckt auf chlorfrei gebleichtem Papier

Printed in Germany
ISBN 978-3-8354-1340-5

Hinweis
Das vorliegende Buch wurde sorgfältig erarbeitet. Dennoch erfol-
gen alle Angaben ohne Gewähr. Weder Autorin noch Verlag können für eventuelle Nachteile oder Schäden, die aus den im Buch
vorgestellten Informationen resultieren, eine Haftung übernehmen.

Endlich richtig schwelgen!

Florian Lechner
Das Hüftgold-Backbuch
Das Ende des Verzichts: das große Backbuch von Florian Lechner. Rezepte, die garantiert gelingen – von jung und überraschend bis kreativ-klassisch. Profi-Geheimnisse und geniale Küchentricks, Kuchen, Torten, Mehlspeisen, Weihnachtsplätzchen. Extra: pikantes Gebäck, Brot und Brötchen.
ISBN 978-3-8354-1313-9

www.blv.de